中国脱贫攻坚

威县故事

国务院扶贫办　组织编写

中国出版集团
研究出版社

图书在版编目 (CIP) 数据

中国脱贫攻坚 . 威县故事 / 国务院扶贫办
组织编写 .-- 北京 : 研究出版社 , 2020.11
ISBN 978-7-5199-0628-3

Ⅰ . ①中… Ⅱ . ①国… Ⅲ . ①扶贫 - 工作经验 - 案例 -
威县 Ⅳ . ① F126

中国版本图书馆 CIP 数据核字 (2019) 第 088118 号

中国脱贫攻坚　威县故事
ZHONGGUO TUOPIN GONGJIAN　WEIXIAN GUSHI

国务院扶贫开发领导小组办公室　组织编写

责任编辑：张立明

研究出版社 出版发行
（100011　北京市朝阳区安华里 504 号 A 座）

河北赛文印刷有限公司　新华书店经销

2020 年 11 月第 1 版　2020 年 11 月北京第 1 次印刷
开本：787 毫米 × 1092 毫米　1/16　印张：10.5
字数：142 千字

ISBN 978-7-5199-0628-3　定价：40.00 元

邮购地址 100011　北京市朝阳区安华里 504 号 A 座
电话（010）64217619　64217612（发行中心）

“中国脱贫攻坚　威县故事”编审指导委员会

"中国脱贫攻坚故事"丛书编写工作组

骆艾荣　阎　艳　吕　方　李海金　陈　琦

刘　杰　袁　泉　梁　怡　孙晓岚

《中国脱贫攻坚　威县故事》编委会

主　　任：安庆杰

副 主 任：商黎英

执行主任：高振防

执行副主任：夏岳普　徐艳刚　王建华　李建峰　李东强

成　　员：（按姓氏笔画排序）

王建智　王　超　王广益　王明庆　尹文生

刘金建　张万兴　杜君潮　郭自祥　董贵龙

裴旭辉

主　　编：荣保彤

编　　辑：崔冬梅　殷则盾

摄　　影：威县县委宣传部　威县扶贫办

目录

CONTENTS

序言

PREFACE

改革，是一代人的记忆

1978 年，改革从农村率先突破。

“手中有粮，心中不慌”，这句朗朗上口的诗歌是一个时代的记忆。这句诗歌背后的家庭承包责任制，让几代人结束挨饿的日子。

当吃饱穿暖的渴望与激发的农民力量碰撞，便释放出巨大的生产力。这是中国改革的开篇之作，是改革开放总设计师邓小平的重大战略部署，农村改革大幕由此拉开。

小岗村、华西村、大寨村……一个个改革开放的楷模，在时代变迁中作出了自己的选择，成为县域经济迈向现代化的典型。

改革，是新时代的选择

四十年间，农村面貌发生天翻地覆的巨变，然而，改革开放走过千山万水，仍需跋山涉水。新时代，“三农”问题有新任务和新焦点。

对“三农”问题的重视和关注，也伴随着习近平四十余年的从政生涯。

2017 年 10 月 18 日，习近平总书记在党的十九大报告中提出，农业农村农民问题是关系国计民生的根本性问题，必须始终把解决好“三农”问题作为全党工作的重中之重，实施乡村振兴战略。这是在新时代全面深化农村改革的总抓手，是决胜全面建成小康社会、全面建设社会主义现代化国家的重大历史任务。

这一战略的提出其实早有伏笔。

时光回溯，党的十八大以来，从黄土高坡到雪域高原，从西北边陲到云贵高原，习近平走遍了全国 14 个集中连片特困地区。他对贫困群众深深牵挂。其中，习近平至少到河北考察过五次，次数居全国各省之首。也是在这里，习近平最先提出打赢脱贫攻坚战，最先提出“坚定信心、找对路子”，最先提出“农村要发展，农民要致富，关键靠支部”，最先提出“功成不必在我”。

这种情怀与理想，深深触动并感召了同在燕赵大地上的威县。

改革，是实现“小康梦”的希望

威县，曾是无产阶级革命家刘伯承、邓小平等革命先辈奋战的红色土地，其开辟新山河的英雄气概浩然长存；

这里也是改革开放先驱——任仲夷的故里，改革精神振奋家乡儿女，改革思想为这里带来无限启迪；

正是血脉中流淌着的红色基因、改革基因，让曾因资源匮乏、信息闭塞的威县人“穷则变，变则通”，解放思想，打开改革开放的“总开关”。2014 年，威县被确定为全省第一个综合改革试点县，并由此驶入发展的“快车道”，财政收入翻了几番，百姓收入获得较大提升。

同时，面对仍广泛存在的贫困地区，威县不敢懈怠，在以习近平同志为核心的党中央吹响脱贫攻坚战的冲锋号鼓舞下，以发展为根本之策，以改革创新为驱动，以非常决心和举措持续推动建设高效服务型政府，向改革的高度和深度要红利。在县委、县政府的带动和影响下，威县广大干部群众滚石上山，爬坡过坎，真抓实干，扶危济难，走进千家万户，走进农民的心田，为贫困百姓的生活点亮希望之光。

回顾历史，改革开放决定当代中国的命运。

展望未来，改革开放也将决定中国的前途。

改革是实现“中国梦”的关键一招，也是威县实现“小康梦”的关键一招。

威县将继续拿出敢为天下先的勇气，锐意改革，激励创新，积极探索适合自身发展需要的新道路、新模式，不断寻求新增长点和驱动力。

不破楼兰终不还，誓要打赢攻坚战！

01

Chapter

拔穷根　必改革

解决好“怎么扶”的问题。开对了“药方子”，才能拔掉“穷根子”。

——习近平《在中央扶贫开发工作会议上的讲话》

（2015 年 11 月 27 日）

第一节　一棉独大　沉疴何解

威县，位于河北省南部，隶属邢台市，地处冀南平原黑龙港流域，总面积 1012 平方公里，总人口 60 万，为邢台市人口第二、面积第三大县。

因棉而兴，因棉而困

威县古时属于古黄河、古漳河长期泛滥淤积而成的冲积平原区，地势平坦，土层深厚，垦殖历史悠久，宜农宜牧。

丰富的土地资源和劳动力资源，让威县顺其自然地成为典型的农业大县。在悠久的种植历史中，部分地区因土地沙化，棉花种植成为首选。因此，威县农民的自主选择成就了 20 世纪 90 年代著名的产棉大县，棉花种植面积超过全国棉花总面积的百分之一，被誉为“冀南棉海”。

这个称号曾为威县带来食粮，也换来荣光。然而，随着时代更迭，在经济快速发展的大潮中，当人民的生活追求不仅仅满足于吃饱饭，棉花产业的产业附加值低的弱点逐渐显现出来，远远不能满足经济发展的需求，“冀南棉海”逐渐变成“资源陷阱”，严重拖慢了威县的经济社会发展速度。

“四不靠两没有”（不靠山、不靠海、不靠铁路、不靠大城市，地下没矿藏、地上没资源）的基本县情，使得威县县城建设起步晚，工业近乎空

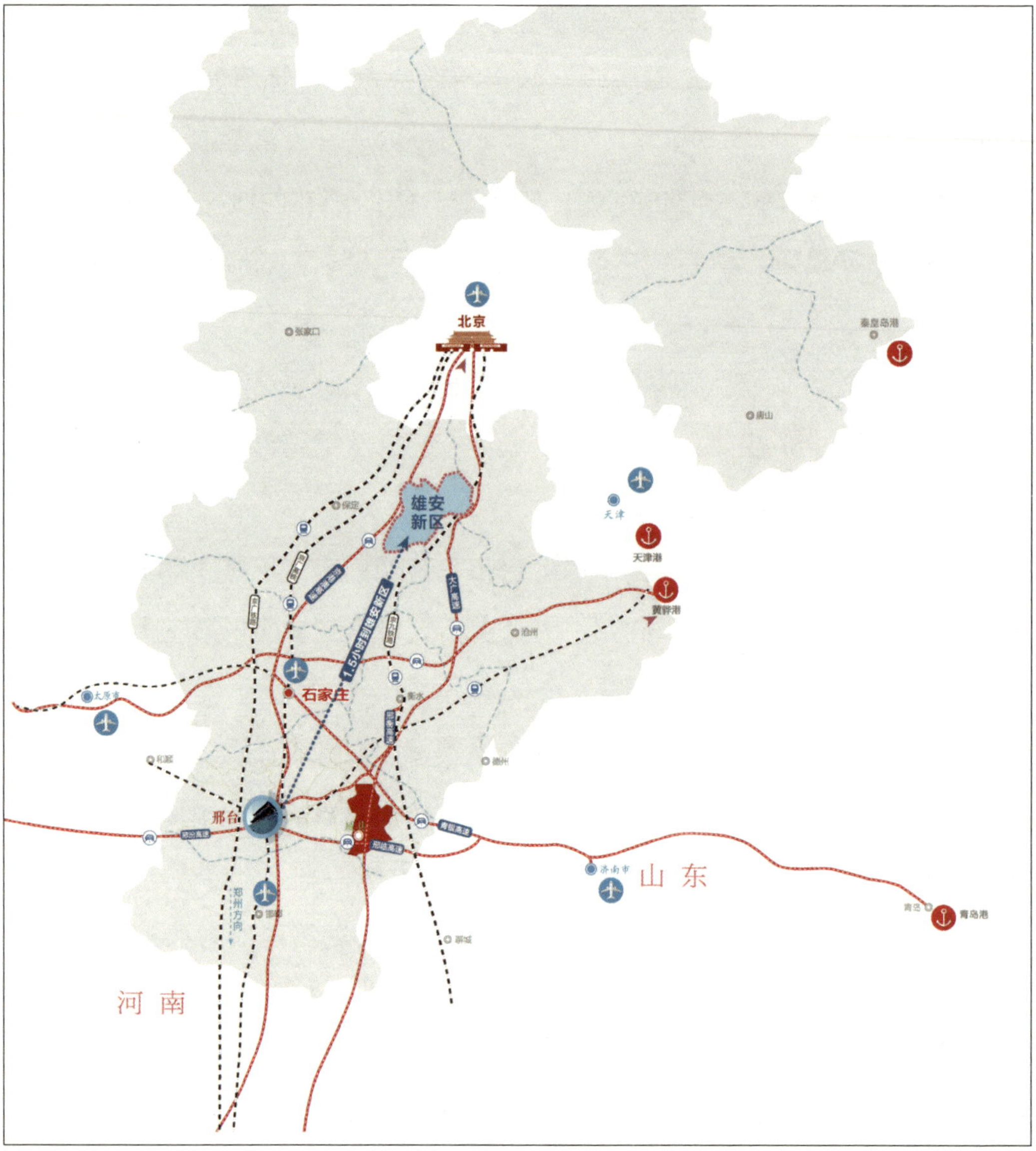

威县区位图

白，棉花产业的衰落使威县唯一经济支柱也受到重创。1999—2009 年全部财政收入一直在 8000 万元左右徘徊，2009 年综合经济实力在全省 140 个县（市）中倒数第四，是典型的“大破穷”县，名副其实的“后进生”。

因棉而兴，因棉而困，成为威县一时难解的沉疴。

依恋土地 观念滞后

2012 年，威县被确定为国家扶贫开发工作重点县，当时有贫困人口 17.1 万、贫困发生率 34.1%。

威县当时的贫困状况可以概括为“一广、两多、三少、三难”：

“一广”，即贫困人口分布广，贫困人口分布于所有乡镇 507 个行政村，97.1% 的村有贫困人口。

“两多”，即因病致贫人员多，建档立卡人口中因病致贫占到 58% 以上；贫困边缘群体多，返贫风险加大。

“三少”，即文化设施少，80% 的村没有文化广场，60% 的村农家书屋有名无实；产业覆盖少，农业产业化经营率不到 40%，梨果、葡萄等富民产业仅覆盖 25 个村，农民增收渠道窄；技能人才少，农村致富带头人缺乏，人才密度指数低于全省 5.2 个百分点。

威县的贫困状况

“三难”，即就医难，60% 的村没有标准化卫生室，绝大多数村医没有经过正规培训；上学难，全县农村几乎没有达标公办幼儿园，30% 的农村中小学校舍不达标，45% 的学校缺少器材设备；饮水难，全县近 1/4 的村没有安装自来水管，群众安全饮水没保障。

全县总人口 60 万，农业人口就占到 48 万，绝大多数都在从事棉花种植。因为产业结构单一，就业机会极少，产生了大量的富余低价劳动力。

长久的种植历史，让这些百姓对土地有深深的依恋，传统的封闭意识，让大部分百姓选择固守一方贫瘠的土地，即便有部分农民离开家园外出打工，这也不能叫致富，只能叫作讨生活。

依靠几亩土地的有限收益，让大部分家庭处于一种“摇摇欲坠”的贫困状态，抗风险能力极差，因病、因残、因灾、因学、因婚致贫现象比比皆是。

然而，比贫困更可怕的是因发展滞后导致的观念滞后，让贫困一代传一代，致富与生活的希望渺茫。

第二节　资源富集　贫困怪圈

久困于穷，威县很焦虑，从政府到民众。

焦虑催生压力，激发威县不断反思。

这里不是不毛之地，也并非偏远深山，纵览威县各方面，都拥有一定资源。

那威县为什么穷？

威县是千年古县，名人辈出。这里有著名的历史遗迹——鲧堤，相传大禹之父鲧在此筑堤治水、拯救苍生；曾为元朝威州州治所在地；涌现出宋朝名相范质、明朝兵部尚书贾待问等众多历史名人。

威县素有“冀南红都”美誉，刘伯承、邓小平、徐向前等老一辈革命家都曾在这里生活、工作过；这里还走出任仲夷、刘杰、李子元三位省委书记；这里曾经涌现出大批志士仁人、革命英烈。

威县名人

威县是承东启西、连接南北的“黄金十字路口”，北京、天津、石家庄、太原、郑州、济南等直辖市和省会城市，均在威县三小时交通半径之内。

然而，人文、交通、土地、劳动力这些富集的资源不仅没有转化为发展优势，反而成为不受重视或无用武之地的“摆设”。所以，就形成一种奇怪的现象：资源富集的贫困怪圈。

从表面上看，是因为威县产业结构极其单一，工业近乎空白，农业基本靠棉花“一枝独秀”，造成“全县财政靠农业，农业产业靠棉花，棉花产业靠行情”的局面。

透过现象看本质，是长久以来的农业经济造成的小农思想，让普通民众习惯了落后，宁愿“靠着墙根等救济”，没有意愿，更没有能力另谋生路；是长期的单一发展结构，让干部队伍习惯了落后，不愿和难以跳出“等靠要”的“舒适圈”。

要彻底拔掉“穷根”，就要补足“精神之钙”，扶“思想之贫”！

反映威县的贫困状况

第三节　改革破题　精准脱贫

纵览中国百年历史，反贫困斗争使人民的生活发生了天翻地覆的变化。

从土地革命、新中国成立到改革开放，中国共产党不仅历史性地铲除了导致中国积贫积弱的制度根源，更不断创新思想和方略，带领中华民族向着千年小康梦想奋勇进发。

回顾前二三十年，威县基于国家不同阶段的扶贫政策以及全县在不同时期的贫困特点，相应地开展脱贫攻坚工作，尤其是在 2002 年、2012 年相继被确定为省级贫困县和国家级贫困县，相关政策激励之下，脱贫攻坚工作达到新高度。

然而，要彻底脱贫，不能只靠政府扶持，关键是要从根本上为贫困群众改变自己命运提供渠道、机制和保障，让每一个人都可以通过自身努力摆脱贫困、过上体面生活。

思路一宽天地宽

威县找到了贫困的“根”，解放思想，以改革重锤，开辟出一条“威县特色”的脱贫新路径。

近年来，威县坚持敢闯敢试、以快补晚，以“不换思想就换人”的决心，一张蓝图绘到底，一任接着一任干，经济社会取得长足发展，创造了“威县速度”“威县模式”，各项经济指标增速连年在全省位居前列，荣获了“中国最具特色经济发展潜力县”“河北省经济发展先进县”殊荣，被誉为欠发达地区后发崛起的典范，2014 年，威县被确定为河北省首个综合改革试点县。

然而，仍有许多群众挣扎在贫困线。

只要有信心 黄土变成金

2012 年，党的十八大召开，历史的接力棒传递到以习近平同志为核心的党中央手中。从此，中国反贫困斗争进入新的阶段。

最嘹亮的号角吹响，最艰难的冲锋开始。

这片红色土地的英雄儿女不甘落后！“宁愿苦战，不愿苦熬”，革命精神的传承，成为威县反贫困战场上的宣言！

威县全面贯彻习近平总书记重要指示和党中央决策部署，认真落实省市扶贫开发决策部署，始终坚持“脱贫工作继续高标准，小康路上前进不停步”主基调。

以国家之任为任，以百姓之心为心。举全县之力参与会战，上下齐心，三军用力；深挖贫困根源，以改革创新的探索实践给贫困群众培育可持续发展的产业，建立可持续脱贫的机制，增强可持续致富的动力。以前所未有的力度、热度、速度和高度，攻城拔寨，奏响了“小康路上不落一人”的主旋律。

短短六年间，建档立卡贫困人口从 17.1 万人减至 5505 人，贫困发生率从 34.1% 降至 1.19%，对精准识别剩余的 19491 名贫困人口，均量身定制脱贫措施，分类施策精准扶贫，人均年纯收入、“两不愁三保障”状况均出现显著变化。

2016 年，威县被国务院扶贫办评为“全国扶贫系统先进集体”，全国产业精准扶贫现场会代表到威县观摩，成效考核全省第一；2017 年“金鸡帮扶”模式成为中央政治局第 39 次集体学习资料，成效考核全省第二；2018 年 7 月，顺利通过国家评估验收，实现脱贫摘帽。

全国产业精准扶贫现场会代表到威县观摩

威县被评为“全国扶贫系统先进集体”

威县扶贫数据（2012—2018 年）

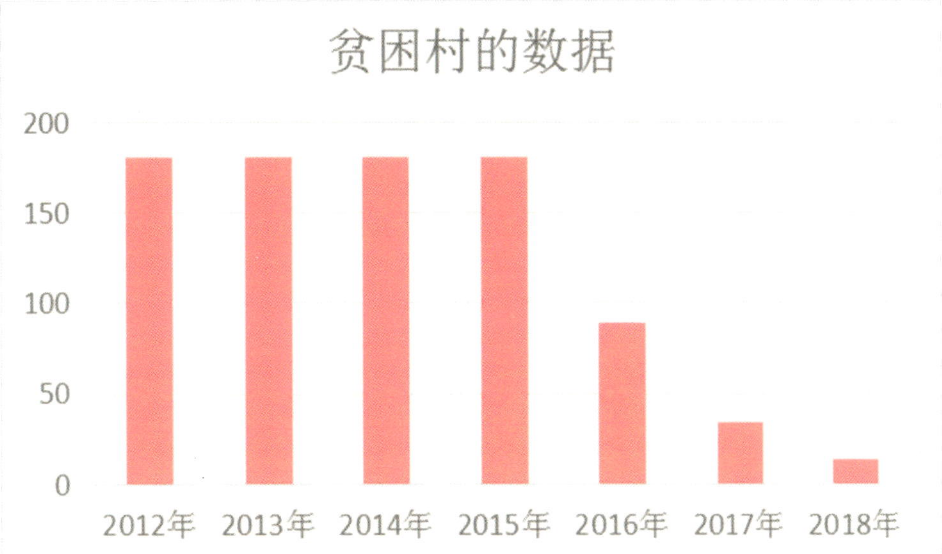

贫困村数据

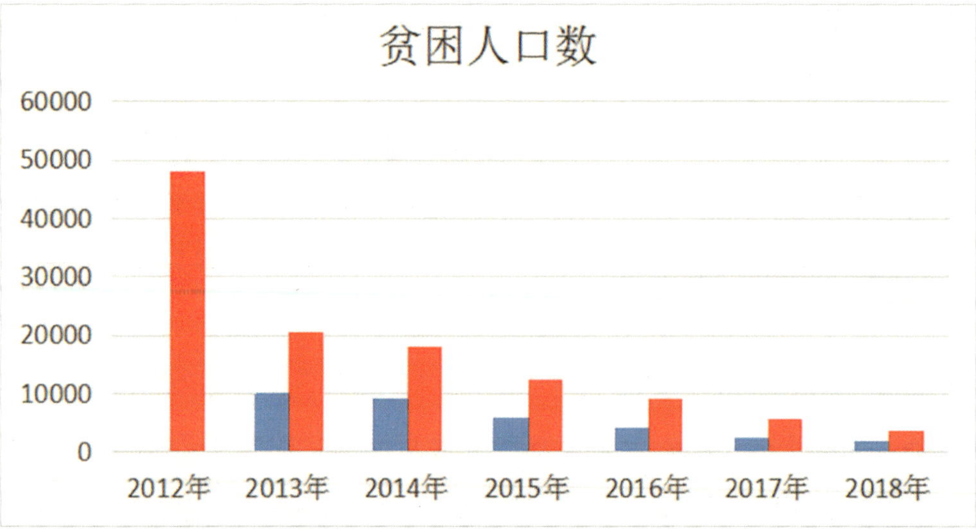

贫困人口数据

贫困发生率数据

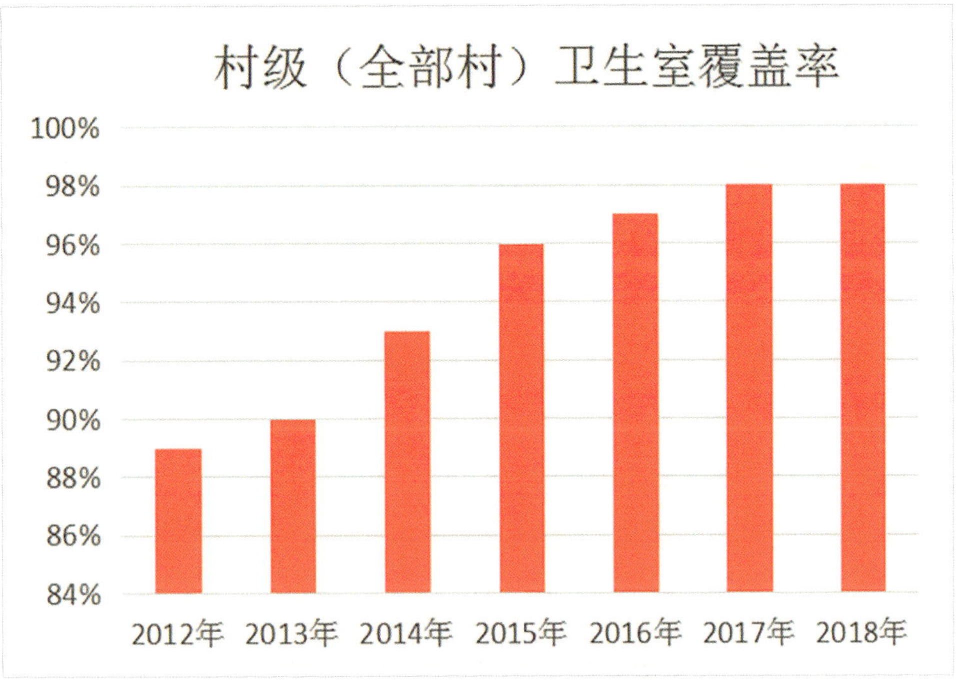

村级（全部村）卫生室覆盖情况数据

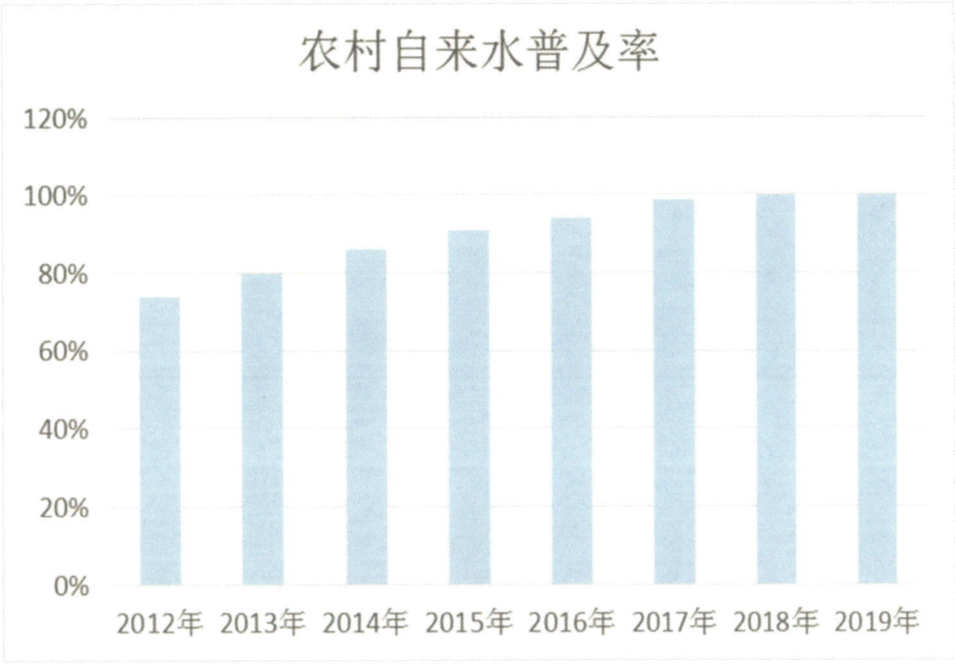

农村自来水普及情况数据

02

Chapter

破穷局　真改革

中国的先人们早在2500多年前就认识到："苟利于民，不必法古；苟周于事，不必循俗。"变革创新是推动人类社会向前发展的根本动力。谁排斥变革，谁拒绝创新，谁就会落后于时代，谁就会被历史淘汰。

——习近平《开放共创繁荣 创新引领未来——在博鳌亚洲论坛2018年年会开幕式上的主旨演讲》

（2018年4月10日）

人民有所呼，改革有所应，将改革进行到底，也是将改善老百姓生活进行到底。

党的十八大以来，以习近平同志为核心的党中央把脱贫攻坚纳入"五位一体"总体布局和"四个全面"战略布局，摆到治国理政的重要位置，吹响了打赢脱贫攻坚战的进军号。之后，党中央、国务院及各部委、省市党委政府及各部门相继作出具体部署，为威县打赢脱贫攻坚战指明了方向。

威县以习近平新时代中国特色社会主义思想，特别是以习近平总书记关于扶贫工作的重要论述为指导，以深化改革推进脱贫攻坚向纵深处发展，紧紧围绕"两不愁三保障"目标，按照"六个精准"要求，从顶层设计、队伍建设、考核机制等方面入手，转职能、换思路、改作风，锻造出一支强有力的脱贫队伍。各级领导干部"挂帅出征、挂图作战、挂责问效"，奋力攻克重点难点任务，脱贫攻坚取得决定性进展。

第一节 转职能 激活力

2014 年 1 月，威县被省政府确定为黑龙港流域综合改革试点，开启了该县以改革激发活力、促进发展之门。

要改革，首先得解放思想，敢于破除阻碍改革的各种思想障碍。广大干部群众形成共识：必须去除不敢越雷池半步的惯性思维，改变因循守旧、故步自封的工作态度，甩掉包袱，轻装上阵，大步前行。

行政审批改革 激发市场活力

改革的矛头首先对准了行政审批制度。“过去，公章四面围城、公函长途旅行，严重影响了政府服务效能，群众、企业对此意见很大。”县行政审批局局长蒋志华作为此项改革主要推动者之一，切实感受到了难度和压力，“整合 26 个职能部门的行政许可权，涉及众多机构、人员整合，办事流程再造，谈何容易？”

成立全国第一家县级行政审批局，县委书记安庆杰和县政协副主席、行政审批局局长蒋志华将 42 个部门的行政审批公章封存，实现一枚公章管审批

然而，再难威县也没有退缩。聚焦职能定位、划转审批、流程再造、事中事后监管等运行机制，威县在省市职能部门支持下，大胆闯、大胆试、自主改：26 个部门的 166 项审批权划转到行政审批局，42 枚公章变成一枚

行政审批专用章，审批局 67 人承担了原来 26 个部门近 300 人的审批职能；建立“车间流水线式”运行模式，实现简单事项即刻审批、联办项目一口受理、并联审批一章多效、踏勘验收统一进行。

改革促进审批效率平均提高了 75%。

一枚公章管审批

行政审批多项功能合一

在实现“一枚公章管审批”基础上，威县自 2014 年 12 月率先组建了全国第一家县级行政审批局以来，持续探索出全国第一家“三级平台两个代办”、县级行政审批局和联合办税平台，全省第一家市民服务中心、审批中介超市、公共检验检测中心。2017 年又率先探索“70 证合一”，打造“一窗办”“就近办”“承诺办”的审批服务 5.0 版，实现企业和群众办事“只跑一趟”或“一趟也不跑”，市场主体每年增长 70% 以上。

一窗办理

工作人员为企业服务

威县行政审批局大楼

“改革最大的成效是激发了干部群众积极向上、敢想敢干的精气神。”县长商黎英认为，通过行政审批制度改革，威县向外界展示了“我们行”的崭新精神面貌，全县上下进一步强化了自我革新理念，形成了“改革无退路可走，改就改出好成效”的思想共识和行动自觉，万众一心思发展、谋发展、促发展。

建设智慧威县 提升管理水平

改革，还要追着问题走。

为全面提升政府科学管理水平，促进城市可持续发展，威县紧抓京津冀协同发展机遇，发挥国家新型城镇化试点县优势，与北京数立通科技有限责任公司采用 PPP 合作模式，投资 3.63 亿元，共同建设“智慧威县”。

“智慧威县”建设充分利用互联网、大数据、云计算、物联网和空间信息等新技术，实现更智慧地规划、建设、管理，更经济、集约、智能地服务。目前已建成基础信息网络、数据中心、云平台等十大类基础数据库和21类专题数据库，涵盖党建、综治、公安、城管、交通、信访、农业、教育、扶贫、社区、安检、环保等，实现统一标准、统一网络设施、统一硬件环境和统一信息数据。

智慧威县计算中心

通过建设智慧城市，城市信息系统建设由局部单点向集中集成转变，由自建自用向共建共享转变，有效提升政府管理职能和综合服务水平。

智慧威县数据中心

五网合一　一张蓝图

改革是对固有结构和利益的调整，要求干部必须有勇于担当的精神，同时又要最大限度地减少失误风险，始终保持科学态度和坚实作风，提升领导推动改革的水平。

“自 20 世纪 90 年代起，国家就发文推行河道整治，但始终收效甚微，原因是治理中不得不厘清沿河土地权属问题，涉及沿河村庄与农民的切身权益，属于改革中‘难啃的骨头’。”县水务局长张万兴介绍说，2016 年，为了冲破河道治理难关，威县决定在全县开展河道土地确权工作。

“河道确权涉及 16 个乡镇、522 个行政村的近一半村，历史遗留问题错综复杂。我们准确把握政策和原则，合理确定河道权属，精心制订实施方

引水入威工程

案，看似不可能的改革短短五个月全面完成。”张万兴兴奋地说，谁也没想到，这一确权，竟然在全县 21 条河流及干渠沿岸“确”出 3.2 万余亩国有土地，另外的 6000 亩“确”给了农民和村集体。通过“引水入威”，威县水利条件大为改观，农业与生态均呈现出欣欣向荣的面貌。构建起水网、路网、绿网、产业网、旅游网“五网合一”大格局，农业、生态、产业等欣欣向荣，一个全县域大交通、大产业、大生态、大旅游的生态发展格局基本形成，为脱贫攻坚提供了有力保障。

几年来，威县发扬钉钉子精神，坚持一项一项地改、一件一件地办，点滴推进、日拱一卒。通过改革，威县建立起精简高效的行政管理体制、安商亲商的投资创业机制、城乡一体的统筹发展机制、保障有力的要素配置机制、公平普惠的民生保障机制、平衡持续的生态保护机制、充满活力的队伍管理机制、共建共享的社会治理机制。

回首过去，我们可以清楚地看到，改革贯穿了威县扶贫工作的全过程，通过全面深化改革，威县不仅成功摘掉贫困县的帽子，县域经济更得到快速发展。

威县的脱贫，是改革的结果；威县的脱贫，是发展的结果。威县的脱贫，不仅是学习贯彻习近平总书记关于扶贫工作的重要论述的实际案例，更为未来扶贫工作完成之后的乡村振兴提供了宝贵经验。

第二节 换思路 寻突破

对于威县来说，扶贫和发展是一体两面共存。威县的贫困是普遍性贫困，单纯靠政府点对点帮扶不足以脱贫；威县的贫困是结构性贫困，不改变经济结构不足以脱贫。

农村发展、农业增效、农民增收，都离不开优质高效产业的支撑，特别是促进贫困地区发展，产业扶贫将“输血式”扶贫转变为“造血式”扶贫，“输血”解决的是基本保障，“造血”则解决长期发展，产业长效造血，是打赢脱贫攻坚战最基础的根本。想要做好产业扶贫这篇“大文章”，必须立足“增收可持续”，千方百计让富民产业兴起来，让广大老百姓的腰包鼓起来。

习近平总书记提出，要把发展生产扶贫作为主攻方向，努力做到户户有增收项目、人人有脱贫门路。因此，谋划新形势下产业扶贫的科学发展，打牢贫困地区群众持续稳定增收的基础，成为威县在扶贫开发方面着力推进的重点工作。

威县按照市场思维、社会治理理念和“产业、政策双扶持双兜底”的总体思路，探索实施“四个动起来、四个全覆盖”（党委政府动起来、富民产业全覆盖，企业农户动起来、股份合作全覆盖，银行保险动起来、金融支撑全覆盖，社会各界动起来、帮扶救助全覆盖）路径抓手，全党动员、全员压上，全力以赴、强力攻坚，探索五大资产收益模式，走出一条可持续发展的“造血”扶贫道路。

第三节　改作风　强队伍

要保证改革的顺利进行，就要有一支强有力的执行队伍。打铁还要自身硬，想到和得到之间只有一条路，那就是做到。要想做到，就要保证执行到位，如臂使指。

这是一次史无前例的总动员

打硬仗，讲究的是排兵布阵。

威县将脱贫攻坚列为“一把手工程”，严格实行一把手负总责的限期脱贫责任制，逐级签订责任书，层层立下军令状，层层分解任务，逐级压实责任。全体干部拧成一股绳，县委书记、驻村工作队、第一书记、包扶干部和村干部都成为一线战斗员，上下齐心，全员用力，才拉动扶贫这辆大车。

威县脱贫攻坚动员大会现场

威县扶贫誓师大会现场

这是一场不见硝烟的攻坚战

认识到位，事半功倍。

威县党员干部全部出征，以硬作风扛起硬责任，以硬责任抓牢硬措施，以硬措施完成硬任务，切实做到责任到人、任务上肩，形成了上下贯通、横向到边、纵向到底的攻坚责任体系。以真抓促实干，以实干求实效，坚持组织领导、安排部署、政策宣讲、督查调度“四个到位”，推动专项治理工作扎实有效地开展。

威县脱贫攻坚“冲刺月”行动安排部署会议现场

这是一回能力责任的大考验

有压力才会有动力。优良的作风，是打赢脱贫攻坚战动力之源。威县坚持把开展专项治理作为提高脱贫质量、推动迎检验收的重要抓手，压实责任、创新载体，推动专项治理深入开展。

事前不发通知、事中不打招呼、事后不准陪同，用硬措施、严手段来督促政策落实、工作落实和责任落实；

用足用透“自查从宽窗口期”政策，坚持宽严相济、疏堵结合，增强政策感召力与警示震慑力相结合，最大限度发现问题，最大限度保护干部；

扎实开展整改“回头看”自查自纠、整改落实阶段工作；

建立扶贫资金“四连签”制度，探索实施扶贫项目“入库”管理机制，建立常态化监督机制。

在这场脱贫攻坚战中，全县上下经历了一场深入灵魂的思想洗礼，锻造出一支坚强有力的“战斗队”，为打赢脱贫攻坚战提供了坚实保证。

03

Chapter

换穷业　巧改革

要鼓励和吸引更多非公企业到贫困地区投资创业，由被动“输血”变主动“造血”，既可帮助贫困人口提高收入，也可实现企业发展的战略延伸和可持续，释放贫困地区的市场潜力，形成新的经济增长点。

——习近平《在打好精准脱贫攻坚战座谈会上的讲话》

（2018 年 2 月 12 日）

政府职能转变了，干部思想解放了，发展道路找准了，接下来就是全力以赴，大干一场！

针对农业结构单一、工业基础薄弱状况，威县双管齐下，一边探索适合威县发展的现代农业道路，一边营造良好营商环境，积极招商引资。城乡两条腿一起迈步，实现良好互动、共同发展。

第一节 一棉独大变五大模式

精准扶贫要把为贫困地区、贫困村户谋划致富产业思路、找准富民产业作为突破口，坚持精准扶贫与转变贫困地区产业发展方式深度融合，加快制定贫困村、贫困户发展致富产业的多元支持政策体系，重点完善支持贫困人口发展致富产业的金融支持政策，采取普惠和特惠相结合的致富产业培育方式，将产业发展资金优先配置到具有特色优势致富产业领域，将农业标准化示范项目优先向贫困地区倾斜，大力推进贫困地区“一县一业”产业对接和“一村一品”致富产业培育。

——习近平《在打好精准脱贫攻坚战座谈会上的讲话》

（2018年2月12日）

威县依托土地优势和区位优势，以“产业为基、机制突破”为总体思路，坚持把产业扶贫、绿色减贫作为重中之重，针对过去“一棉独大”、产业覆盖率低的现状，聘请中科院专家编制现代农业规划，全县打造形成“三带三园”的总体布局，依托农业主导产业和龙头企业，以农民合作社为纽带，扶贫资金入股合作社，实现产业对贫困村户“全面覆盖、多层覆盖”，覆盖了所有贫困村户和90%以上的行政村，农业产业化经营率由43.7%提高到65.1%。探索出符合威县发展的五大资产收益模式（“威梨”模式、“根力多”模式、“金鸡”模式、“白羽”模式和“金牛”模式），彻底改变了

“一棉独大”的单一产业结构，不仅实现产业扶贫、农民增收，更重要的是增强了威县经济的抗风险能力，大大降低农民的返贫概率。

土地流转 点石成金

威县土地总面积151万亩，光农业用地就占到121万亩，而在这121万亩耕地中，光棉花种植面积就上百万亩。因此要改变威县贫穷落后的局面，向土地要效益是必由之路。这才有了村民李玉国的故事。

2013年春节，村里的鞭炮响个不停，但村民李玉国的心情却一点都高兴不起来，他跟老伴算了一笔账：去年家里12亩棉花地一共收入2.01万元，而包括种子、化肥、浇水、农药再加上全年家里的生活花销，一共花了两万元。等于全家人辛辛苦苦干了一年，只赚了100元。过日子的花销已经省得不能再省，全家人一年只吃了20斤油，相当于全家四口人每天只吃半两油。

儿子女儿都在长身体的时候，不能苦着他们，只好老两口少吃几口。大过年的，想起这些事儿就糟心。盼着明年能顺风顺水，要不然只能借钱了。可借钱又要去哪里借呢？村里家家都是这种情况。守着几亩棉花地土里刨食儿，谁家也没有余钱呀。这样的日子什么时候才是个头啊！听说村里要把土地流转出去种梨树，政策倒是说得挺好，可谁知道有准没准呢！咱农民种了一辈子地，就指着这点地过日子，没有地了可咋办啊！春节本来应该是欢乐的日子，而李玉国在忧心和愁苦中渡过了整个正月。

在威县，像李玉国这样的农户数不胜数。要改变他们的困境，就要突破传统的保守思想。在威县历史上，从明朝开始就种植梨树。在威县西部地区，也有一部分种植梨树的村镇。但是，由于种植条件落后，种植品种不受市场欢迎，在小规模分散经营状况下，梨产业带建设难以实现，梨产业一度停滞不前。2013年，威县把西沙河流域沙化土地开发作为扶贫攻坚的战略性举措，邀来国内顶尖的林果专家，经过大量实地调查、专题论证，确定了建设10万亩梨产业带的构想，启动了威县“西部大开发”，规划到2020年发展高标准梨园35万亩，涉及高公庄乡、侯贯镇、贺营镇等7个乡镇、104个行政村。

为激发农民积极性，促进梨产业有序快速发展，威县出台了农村土地流转扶持政策，推行转包、出租、互换等多种土地流转模式，按照土地流转规模，对受让方、转让方和土地流转服务组织，分别给予一定的资金扶持。除此之外，流转土地的贫困群众将获得的每亩1000元补贴资金入股到龙头企业。

为支持贫困村发展，在发展梨产业之初，将其作为一个脱贫产业来规划，实行“龙头企业＋农户”的利益联结股份制扶贫模式，实现了“流转土地挣租金、入园打工挣薪金、入股收益挣股金”，一份土地挣三份钱。

如今，50岁的李玉国是龙集集团梨园里的一个小队长，副经理李赏说，李玉国人老实忠厚，干活麻利，在村里人缘很好。农忙的时候还要靠他多在村里招几个临时帮工，公司也愿意多给他发点工资。现在，李玉国一个月能挣将近4000块钱，老伴也在梨园干活儿，老两口加起来一年能挣五万多。再算上土地流转租金和入股股金，多了不敢说，一年六万五是稳稳的。去年他刚给儿子在县城买了房子，首付15万元，自己出了9万元，还找乡亲们借了6万元。按他的话说“虽然说还得熬两年，但是要放到以前，买房子是想也不敢想的事儿啊”。

在威县，像李玉国一样的农民越来越多，五大资产收益模式带领越来越多的农民走上了脱贫致富的道路。该模式以合作为桥梁，与建档立卡贫困户进行深层次的沟通，突破以往只“输血”不“造血”的旧模式，转而让贫困户亲身参与到劳动当中，亲力亲为，转变贫困户“等靠要”的思想，激发贫困户的内生动力，让贫困户实现有尊严地脱贫，同时也成功地成为贫困户的“金饭碗”，使“脱贫”不仅仅成为纸面上的数据，而真真正正成为老百姓新生活的开始。

李玉国在梨园中

五大资产收益模式

建设梨产业带让周边村民享受到实惠，那其他村子呢？威县还有大量的土地资源被棉花占据。跳脱出以前“单一产业”的发展思维，就不能把鸡蛋放到一个篮子里边。针对这种情况，威县多措并举，探索出多元主体参与的“五大资产收益模式”，搭建出威县立体式现代化产业新格局，为威县现代农业的可持续发展奠定了坚实基础。

五大资产收益扶贫模式

1.“金鸡”模式

早上，威县沙河辛村 32 岁的郭成巧照顾一家人吃了早饭，骑电动车送上小学的双胞胎儿子到学校，7 点 50 分赶到沙河王庄村的德青源（威县）金鸡产业扶贫生态园，开始一天的工作。

“我在这里工作快两年了，每个月工资 2000 多元，年底还有入股分红。我家距这儿十几分钟，不耽误照顾家人，挺好的！”郭成巧说，她的丈夫因交通事故受伤，享受低保待遇，“金鸡”模式让这一家人有了更多的笑容。

郭成巧在工作

威县金鸡产业扶贫生态园

北京德青源农业科技有限公司是威县引进的蛋鸡产业龙头企业，该企业把财政专项扶贫资金变为资产，以入股的形式将周边四个乡镇的4424名贫困群众全部变为企业的“特惠股东”，走出了一条“金鸡帮扶”产业精准扶贫新路。

运作模式为：①国企融资建厂。县政府成立威州农投公司，投资2.5亿元，建设“八区四厂”，目前完成投资1.5亿元。②扶贫资金入股。县政府整合财政扶贫资金，为2117户4424名贫困群众，每人配股4680元入股合作社，加入该项目，成为“特惠股东”。③企业租赁经营。项目建成后，德青源公司投入1.25亿元（生物资产）承包经营，承租期15年，租赁期满后，每年支付租金1000万元或按残值一次性收购。④贫困群众分享。项目全部移交后，由农投公司和合作社，按照每人每年1000元的标准进行收益分配。⑤集体经济受益。为48个重点贫困村投入2000万元，每村每年增加村集体经济收入两万元以上，用于公益事业建设和“特惠岗位”，构建长效扶贫机制。

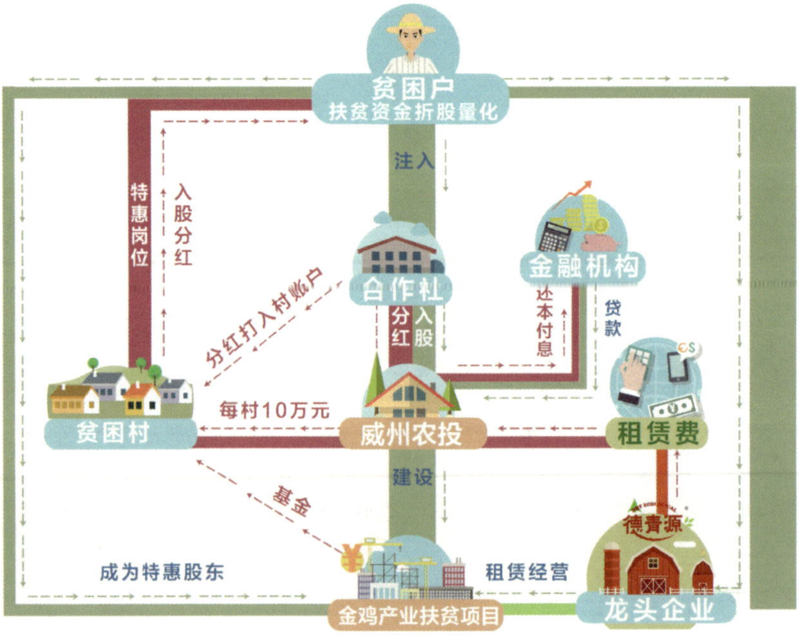

金鸡扶贫模式图示

“金鸡扶贫模式”是运用市场化手段进行的产业扶贫，从政府到企业、从贫困户到普通百姓都能直接或间接受益。目前，威县正在成为德青源公司华北大区的核心，不仅能为本地创造出更多就业岗位，还通过全产业链融合发展，助力当地乡村振兴战略，为脱贫攻坚提供了更坚实的保障。

目前，金鸡项目已发放两次收益资金，每次 2 万元。2016 年每人收益 300 元，2017 年每人收益 500 元。2018 年动态调整后为 1634 户 3419 人发放收益资金，每人 500 元，共计 170.95 万元。

几年前，这位独自支撑一个四口之家的威县固献乡沙河辛庄村贫困村民，怎么也想不到自己有一天竟然会成为一家企业的股东。“我现在挺知足，对生活也充满希望。”

与郭成巧一样，这个国家级贫困县的数千名贫困村民都成了股东，每年定期享受资产收益，开始迈入脱贫致富的幸福生活。

以“金鸡扶贫模式”为样板，继续拓展创新“以园聚企、以企带村、以村带社、以社带户”的产业扶贫新路径，衍生出模式相同或类似的君乐宝第三牧场和奶源深加工、宏博白羽肉鸡、生态梨果种植及冷链物流、根力多生物肥葡萄提升四大项目，帮助贫困户通过资产入股、租赁或托管等方式获得资产性收入，构建了扶贫产业规模化、资产经营品牌化、利益联结稳定化、金融支撑高效化同步助推脱贫攻坚的格局。“三个转变”：一是扶贫方式由“输血”向“造血”转变，二是扶贫格局由“单打独斗”向“合力攻坚”转变，三是扶贫效果由“分散式个体增收”向“区域性整体脱贫”转变。有了龙头带动，不仅确保了贫困群众稳定增收，还加快了现代农业的发展步伐，促进了产业结构调整升级和一二三产融合发展，是深化农业供给侧结构性改革的生动实践。

作为国务院扶贫办确定的第一个资产收益扶贫试点，威县“金鸡帮扶”产业扶贫项目被推广到全国，并在多个贫困县进行复制。

德青源向威州农投支付 200 万元租金

央视采访扶贫模式

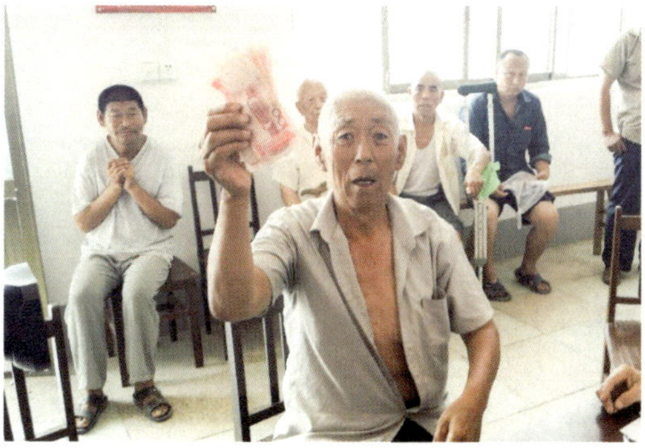

农户享受扶贫收益

金鸡产业扶贫计划会议

园区俯瞰图

2.“白羽”模式

作为五大资产收益模式之一的白羽产业，其整体运行方式与金鸡产业相似，由政府作为筹资平台，整合政府专项资金和社会资金，引进龙头企业河北宏博肉鸡产业，并提供技术指导、生产场地、公益岗位，农户入股享受资产收益。

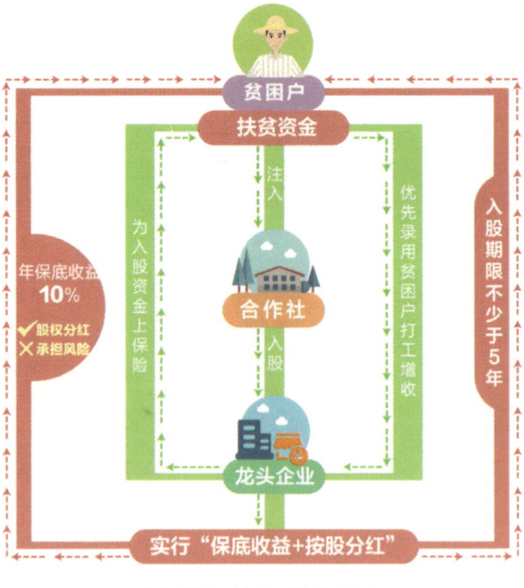

“白羽”扶贫模式图示

该模式依托北京上市公司——保吉安集团投资的河北宏博牧业白羽肉鸡项目，运作模式为：

①分户入股。为2988名贫困群众每人配股4500元，入股到宏博牧业公司，入股期限不少于五年，五年后，根据贫困户意愿，继续入股或发展其他产业。

宏博牧业加工车间

②保底分收益。该公司按照不低于入股本金 10% 的比例为贫困户分发收益资金，每人每年 450 元。同时，该公司针对有劳动力的贫困户提供了 3000 个公益岗位，每人每年收入在 30000 元左右，既解决公司雇佣劳动力的问题，也帮助贫困户实现了有尊严的脱贫。

③保险托底。该公司为贫困户入股资金缴纳财产保险，入股贫困户为第一偿还人。

④集体受益。该公司计划成立鸡基金，每屠宰 1 只鸡提取鸡基金 0.05 元，用于贫困村公益事业建设和特殊救助。2018 年动态调整后为 1043 户 2305 人发放收益资金，每人 450 元，共计 103.725 万元。累计发放 7852 贫困人次，353.34 万元。

3. "金牛"模式

借鉴"金鸡"模式，威县依托君乐宝集团建设第三牧场和乳品深加工项目，实施金牛模式，在龙头企业的带动之下，贫困户不断接收新思想、探索新发展理念，使贫困户思想由"要我脱贫"转变为"我要脱贫"，实现贫困户有尊严地脱贫。

"金牛"扶贫模式图示

"金牛"模式参照德青源金鸡模式运作，依托君乐宝集团建设第三牧场和乳品深加工项目，为每名贫困群众投入 4500 元，每年享受不低于 10% 的资产收益。2018 年动态调整后为 2214 户 4567 人发放资产收益，每人 450 元，共计 205.515 万元。累计发放 9087 贫困人次，408.915 万元。

君乐宝投资近 20 亿元建设了三个万头牧场及一个液态奶加工厂，其中两个牧场已经投产，液态奶加工厂即将投产。在项目还未投产时，建档立卡贫困户却已经享受到土地流转、扶贫资金入股等收益，让众多贫困户捧上了资产收益扶贫"金饭碗"。

赵村镇是威县重点打造的君乐宝乳业园区的核心区。其中，第一牧场和第二牧场已相继启用，参照"金鸡"模式运作的第三牧场及乳品深加工项目下半年即可投产。村里成方连片种植的燕麦是专供君乐宝牧场的牛饲料。

25 岁的张颜旭和身患残疾的父母一起生活。以前家里的生活仅仅靠六亩棉田来维持，满打满算一年也只能收入 5000 元左右。因为家里穷，他仅仅上完初中就无奈地退了学。除了拾掇家里的六亩棉花以外，只能靠打零工

君乐宝优质牧场采用全自动转盘式挤奶。图为待挤奶的乳牛

获得一些零星收入。两年前他家的六亩地通过流转多了一笔稳定收入，去年他不仅入股分了红，还在第二牧场当上了清理工，每月收入2850元。“变化太大了，现在心情挺好的。”他腼腆地说，稍微停顿了一下，他又说，“不过我现在还不满足，来君乐宝以后，感觉真是开了眼界，我一定要好好干，认真学，争取以后当个技术工，当然能当主管就更好了！”

赵村镇党委书记岳朝轩介绍，君乐宝项目不仅能帮助当地贫困户稳定脱贫，更是个富民工程。这是一个一二三产融合的项目，周边村民人人能从中受益，对当地经济的拉动作用非常大。

“比如一产，全镇共有耕地六万多亩，现在已流转四万亩专门种燕麦或苜蓿，农民每亩能拿到900多元，比原来每亩只能拿200元左右的租金高出不少。”岳朝轩说，随着君乐宝项目相继投产，流转土地和就业岗位都将成倍地增加，延伸出的配套服务业更是机会多多，肯定能溢出到周边乡镇。

目前已投入运行，奶牛存栏1.8万头，日产鲜奶220吨。牧场员工有200多名，80%从当地农户中招聘，其中不少是贫困户。员工的主要工作是饲养、挤奶等，每月工资3000多元，还有五险一金。

4.“威梨”模式

该模式依托西沙河梨产业带，采取大园区、小业主方式，由龙头企业或合作社租赁农户土地，建设规模梨园，农户采取反租倒包形式租赁经营。同时，借鉴德青源金鸡模式，采用“国企融资建厂、扶贫资金入股、企业租赁经营、贫困群众享收益”的机制，县农投公司投资建设冷链物流项目，2018年动态调整后为1093户2537人发放收益资金，每人450元，共计114.165万元。累计发放5351贫困人次，共计发放240.795万元。

威县绿色A级梨产业园区始终按照“规模化生产、集约化经营、品牌化销售、产业化发展”的总体思路，发展秋月梨、雪青梨、新梨七号、红香酥梨等四大新品种，塑造“吃威梨、有威力”的“威梨”品牌，致力打造河北领先、全国一流、世界知名的绿色A级高效精品梨果出口基地。

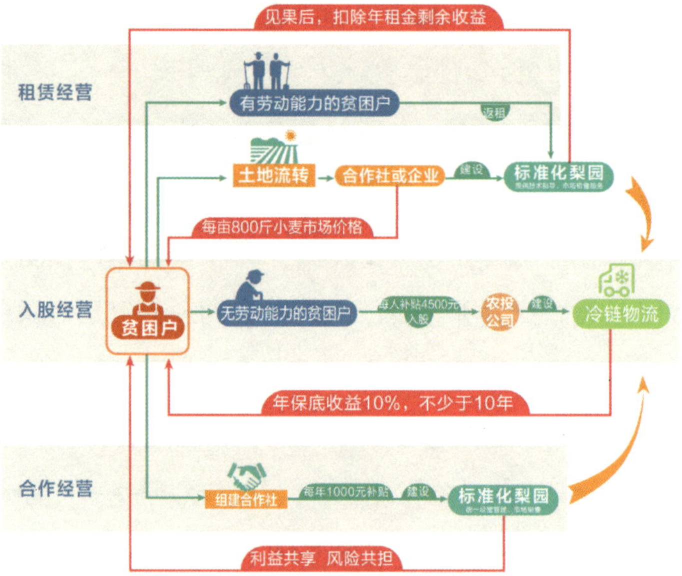

“威梨”扶贫模式图示

高标准生产，采用省力、矮化、密植现代化栽培模式，在全国首创涵盖育苗、建园、生产、储藏保鲜、加工等全过程的技术规程，细化为“八大程序、三十道工序”；

标准化梨园

高品质监管，每个梨都有身份证——二维码，实现产品“生产有记录、信息可查询、流向可跟踪、质量可追溯、责任可追究、产品可召回”的安全监管体系；

专业冷链运输，投资 2.6 亿元建设拥有世界最先进的分拣包装生产线的威梨现代化冷链物流园，实现“重点城市当日达，其他地区隔日达”的目标。

滴灌设施

标准化种植

阅兵梨

5.“根力多”模式

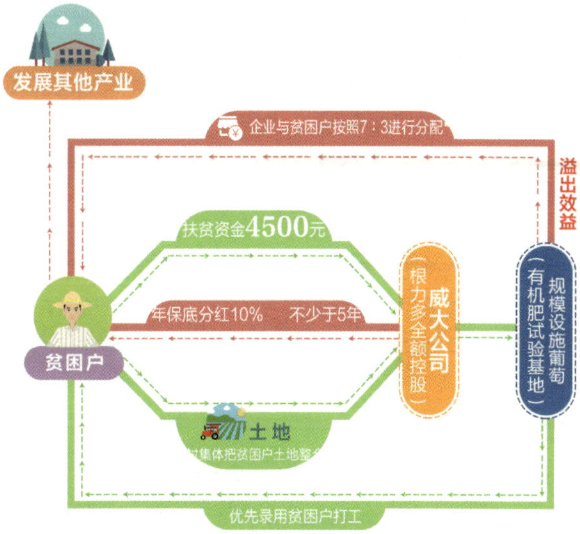

“根力多”扶贫模式图示

该模式依托威县上市企业河北根力多生物科技股份有限公司设施葡萄项目，运作机制是：村集体把贫困户的土地整合到一起，由根力多公司发展规模设施葡萄，作为有机肥试验基地，即“集体整合土地、企业规模经营、农户保底入股、溢出效益共享”。县财政为贫困户每人配股扶贫资金4500元作为本金入股，期限不少于五年，年保底分10%收益，到期后可继续入股或返还发展其他产业。农民入厂成为产业工人，逐渐变为依靠土地拿租金、入股拿股金、打工挣薪金的“三金”农民。

企业带领贫困户从产业种植、结构调整、种植升级等方面入手，实现脱贫的同时还能学习科学种植技术。农业专家团队到田间地头对果树、蔬菜指导提供全天候的技术服务，并且试验示范做给农民看，发挥“互联网+”的作用，充分运用“溯农”平台的推广作用，帮助贫困户农民把特色农产品销售出去，实现“丰产+丰收”的愿望。

2018年动态调整后收益惠及421户826人，每人450元，共计37.17万元。累计发放1809贫困人次，共计发放81.405万元。

截止到2018年，威县的五大模式已经让4624户9984人脱贫出列，累计发放收益38310人次，1660.395万元，476村次726.195万元，发放到村到户收益合计2386.59万元。

“根力多”杯葡萄王擂台赛现场

万亩葡萄园

第二节 传统作坊变汽配园区

要紧紧扭住发展这个促使贫困地区脱贫致富的第一要务，立足资源、市场、人文旅游等优势，因地制宜找准发展路子，既不能一味等靠、无所作为，也不能“捡进篮子都是菜”，因发展心切而违背规律、盲目蛮干，甚至搞劳民伤财的“形象工程”“政绩工程”。

——习近平《同菏泽市及县区主要负责同志座谈时的讲话》

（2013 年 11 月 26 日）

与威县毗邻的清河县以汽车零配件产业闻名全国，受这个邻居的影响，威县以前也有少量的汽车零配件产业，但是这些产业大部分是以手工作坊形式存在，规模小、技术差、抗市场风险能力弱，很难形成竞争力，对于劳动力的吸纳能力也十分有限。针对这种情况，威县建立了汽车配件产业园区，由上海同济大学制作总体规划和控制性详细规划，通过环评，被邢台市政府批准为市级工业聚集区。

潘士中 50 岁了，已经在园区上了三年班，来这里上班之前，他是一个纯粹的农民。老潘家里有六亩棉田，每亩棉田每年收益是八九百块钱，他和老伴就靠着这六亩棉田供养了一儿一女两个孩子。“农民种地不能算工钱，算上工钱那就是赔钱”，其实，就是不算工钱，老潘一家每年 4000 多块钱的收益也远远不能维持生计，所以只能靠日常给别人打打零工过日子。但是三年前，一个电话改变了他的命运。

“我有一个亲戚给我打电话说这边招工呢，让我过来碰碰运气。”潘士中没想到，这一碰就改变了他和全家的命运。他顺利地被永盛汽车配件制造有限公司录用了。这家公司以前只是威县的一家家庭式手工作坊，规模和产量都很小，从20世纪90年代干起，一直到2003年才正式建厂。“当时叫威县第二汽车配件制造厂，听着像个很大的企业，其实规模很小”。主管朱子旺不好意思地说，“入驻产业园区之后，公司发展很快，在附近各村镇招了不少人，现在生产一线的工人有200人左右吧。”目前，永盛公司拥有固定资产2000余万元，流动资金1100万元，厂区占地面积46000平方米，其中建筑面积16000平方米。

潘士中进厂之后，收入很快就拿到了3000元以上，之后两年，他又把自己高中毕业的儿子介绍进公司做财务工作，儿子又把媳妇带了进来，从去年开始，公司有了一项新政策，那就是把公司的一些简单的加工工作介绍给自己的员工，让他们的家属也能在闲暇时间多挣上一份收入。面对这样的机会，潘士中当然不会放过，公司免费提供生产设备，不承担任何资金风险，家里的老伴在闲暇的时候就可以挣钱，何乐而不为呢？于是他主动向公司申请了这个“项目”，现在老伴在家里也能每年挣上将近两万元的收入，

潘士中在工厂劳作

日子越过越红火了。

近年来，威县积极鼓励引导汽车及零部件企业组建战略联盟，加大科技创新力度，与中国一汽、中国重汽、吉利汽车、郑州宇通等 20 余家汽车生产厂商建立了长期稳定的合作关系。目前已形成以汽车整车制造、汽车配件研发、生产销售为一体的产业链集群，现有汽车及零配件企业 300 余家，其中规模以上企业 25 家，从业人员 2 万余人，年产各类汽摩配件产品 1430 万件（套）。其中，汽车内饰件产量位居全省第一，汽车密封件产量位居全省第二。

威县的汽车配件产业园区不仅促进了产业的升级，更重要的是吸纳了更多的劳动力，释放劳动力优势。目前，产业集群的辐射效应还在不断地释放，像潘士中这样的人还在不断增多，从一个纯粹的农民慢慢地转变成一个合格的产业工人，他们是家庭兴旺的支柱，也是未来威县产业发展、乡村振兴的希望。

第三节　产业高地变宜居新城

扶贫工作既要解决好眼下问题，更要形成可持续的长效机制。要把脱贫攻坚同实施乡村振兴战略有机结合起来。

——习近平《参加内蒙古代表团审议时的讲话》

（2018年3月5日）

只有栽下梧桐树，才能引得凤凰来。威县建设开发区是从2006年才开始，起步虽晚，但胜在速度快、力度大，2011年升格为省级经济开发区，2017年升格为省级高新技术产业开发区，是全县的工业集中区、聚集区。

威县高新区迎宾大道

这正是威县优化服务、改善环境、搭建平台的成果。随着平台升级，威县现代化产业也在加快提质增效的步伐。

威县按照生态发展、宜居宜业的思路，聘请国内顶尖规划设计单位编制了高新区总体规划、产业规划、控制性详细规划及路、水、电、绿化等专项规划、同步建设，实现了城园深融合，园兴城崛起。通过政府投资、市场融资、招商引资、向上争资等筹资方式，投入巨资完善园区基础设施和配套设施，高标准建成了“六纵十三横”90公里路网，两座110kV变电站，两座污水处理厂及供气站、供热站等一大批工程，基础设施实现了“十一通一平”。

俯瞰高新区

按照绿色崛起的理念，高新区生态环境不断优化提升，打造了金水河、琉璃河和印月湖水系，形成了活水相通、路桥相连的园区水系。区内所有道路和企业全部进行了绿化，绿地覆盖率达到了 39%，已成为一座生态优美、宜居宜业的工业新城。

印月湖公园

月薪六千元的高新区打工仔

岳延辉是个只有初中学历的“80后”，他不愿守着家里的几亩棉田过穷日子，所以结婚没几年，就把两个孩子交给家里老人照看，跟妻子一起外出打工“寻梦”。

可是，理想是丰满的，现实却是骨感的。只有初中学历的他也找不到什么好工作，威县在外地打工的同乡大都从事建筑业和装修业，可他的身体实在吃不消高强度的体力劳动。大城市的工资虽然比较高，但是消费也比家乡高出一大截，再加上房租水电之类的必须开销，生活的压力也是越来越大。“在家千日好，出门一时难啊”，在外地打工的日子，岳延辉不止一次地发出这样的感叹。

去年过年回家的时候，他听说高新区的正通轮胎制造有限公司正在招工，学历要求也不高，初中以上就可以，他就抱着试一试的态度去报了名，没想到很顺利就被录用了。河北正通轮胎制造有限公司是去年才在高新区落户的企业，主要生产摩托车、电动自行车和儿童车轮胎，产品主要销往国外，敬业细致的岳延辉上岗之后，很快就受到重视，不到一年的时间，就做到了带班组长。目前，他每个月能拿到6000多元，在县城里也属于高收入阶层了，他妻子就在隔壁的童车厂上班，每个月也能拿到将近3000元，两口子每个月将近万元的收入，在这个消费水平相对比较低的县城里，日子过得美滋滋的。

“现在我的那些外出打工的同学们有很多都想回来了，毕竟在哪里打工都是打工，离家近一点更好。毕竟在家千日好，出门一时难啊！”岳延辉又把这句话重复了一遍。

像岳延辉这样的普通工人，在高新区有15000多人，他们中的绝大部分都是威县本地人。目前高新区已经入驻企业272家，其中规模以上企业42家、进出口企业30家、高新技术企业11家、上市企业4家、科技型中小企业110家。

高新区企业“全副武装”的工人

高新区企业内景

2016年8月，威县高新技术开发区在全省开发区综合评价中被评为A级开发区和利用外资先进开发区，先后被评为省人才发展改革试点、省新型工业化产业示范基地、省军民结合生产示范园区、省清洁生产示范园区、代表河北的“百张名片”之一。

目前，威县高新技术开发区已形成“3+2”现代产业格局。三大主导产业是电子信息产业、汽车及零部件产业、农产品深加工产业；两大新兴产业是新材料产业和通用航空产业。

新型高新区产业工人

第四节 美丽生态变美丽经济

要推动乡村产业振兴，紧紧围绕发展现代农业，围绕农村一二三产业融合发展，构建乡村产业体系，实现产业兴旺，把产业发展落到促进农民增收上来，全力以赴消除农村贫困，推动乡村生活富裕。

——习近平《十三届全国人大一次会议参加山东代表团审议时的讲话》

（2018 年 3 月 8 日）

在威县，随着现代农业的兴起、产业格局的形成，不仅为大批农村闲散劳动力提供就业岗位，直接提升农民收入，也催生了第三产业的萌芽，多种业态共同融合，吸引越来越多资本、企业的加入，有效促进城乡融合、县城提质增量。

每年清明时节，正是梨花灿烂之际。每年此时，也都是威县梨园最热闹的时候，上万人会聚于此，共享一场花海“party”。到 2019 年，这已是第四届威县梨花节暨“君乐宝杯”花海马拉松。

喜欢运动的游客，身着专业装备，无论是马拉松跑还是彩色跑，都在花海中尽情释放青春活力。喜欢美食的游客，则一边赏花，一边选购阅兵梨、空心挂面、百名粥等特色产品，为亲朋好友带一份贴心伴手礼。品尝过威县美食之后，游客还可在花海中转一转民俗展，唱一段梨花大鼓，打一套梅花

梨园马拉松现场

拳，织一匹手工粗布，感受民俗魅力。作为革命老区，将历史融入长长的展廊，让更多的年轻人学习与传承红色文化。

好看、好玩、好吃，还在无形中传播民俗文化与红色文化。正是通过梨种植带动梨文化、梨博园的一系列特色乡村旅游，让农业不断升值，村子美丽蝶变，成为集现代农业、休闲旅游、田园社区为一体的田园综合体。

国家级“非遗”项目威县梨花大鼓传承人张君丽等在梨园表演

梨花节场景之一

梨花节场景之一："哦，棉布原来是这样织出来的！"

开元春天·梦幻庄园景区自2017年春节成功举办首届“乡村旅游梦幻灯光节”以来，又相继举办了“烧烤节”“盛世欢歌‘五一’三天乐”“梦幻六月·快乐儿童节运动会”等多场新颖、别致的节庆活动，活动期间每天吸引着来自全县及周边县市近万人次光临。

游客在景区合影留念

高公庄乡的“英雄村庄”——草楼村，是抗日战争时期冀南行政公署所在地，具有威县特有的红色文化。近年来，草楼村建成梨果示范基地500亩，梨树总种植面积超2000亩，设施蔬菜大棚80个，将初步形成的梨果和蔬菜两大产业与红色文化相结合，形成了特有的红色与生态旅游点。

党史纪念馆

草楼村广场

在威县，这样的村庄还有很多，而且会越来越多，这正是威县深挖农业多种功能，让传统农业增值所作出的努力。

威县积极顺应旅游供给多元化趋势和需求，以全域旅游为引领，编制《威县旅游发展总体规划》，打造“一村一品”生态旅游带，建设东夏官葡萄、西河口多彩农牧、沙河王庄金鸡、赵村乳业小镇、固献金河小镇五个特色旅游小镇，建设红博苑、孝道文化园、嘉年华和梦幻庄园四大生态旅游文化园，草楼、西小庄两个红色旅游目的地以及梨产业路和金沙河沿岸两条旅游景观道。

如今在威县，田园综合体正催生“美丽经济”。威梨、葡萄等特色农产品打响品牌，休闲生态旅游成为一张亮丽名片，在一二三产业相互融合的大趋势下，一批新产业、新业态快速成长，一个更加成熟、立体、活跃的乡村产业体系正在逐渐形成，乡村振兴正孕育蓬勃动力。

草楼村一角

孝道文化墙

葡萄小镇

多彩农牧小镇

第五节　运输大县变交通强县

威县拥有得天独厚的交通区位优势和“运输大县”的产业基础。近年来，围绕打造“邢台东部区域中心城市”和“冀鲁豫交汇地区商贸物流枢纽”，物流业蓬勃发展，并带动现代服务业加速崛起。

在此基础上，大批企业入驻威县，冀南商贸港、天合城、红星美凯龙、汽配市场等建设进度不断加快，全德瀚电子产品交易市场、信誉楼综合体、万友大型商贸广场等商贸综合体初步建成，万友星级酒店、金水河现代物流园投入使用，美食街等精品街区汇聚大量人气，让威县成为天南海北各类货物的集散地、中转站，成为四面八方各地客商的聚集地、落脚点。

美食街街口牌楼

在农村，“线下”“线上”同步发展，电子商务龙头企业纷纷入驻其中。阿里巴巴农村淘宝县级运营中心，让更多电商企业入驻孵化中心。京东商城、移联网信等电商平台，基本实现行政村电商服务站全覆盖。这些电商平台不仅方便百姓买入，也为威县的农特产品增加了销售渠道。

农村电子商务服务站

郭牛村的农村淘宝店

04

Chapter

脱穷帽　深改革

“明者因时而变，知者随事而制。”要摒弃不合时宜的旧观念，冲破制约发展的旧框框，让各种发展活力充分迸发出来。要加大转变经济发展方式、调整经济结构力度，更加注重发展质量，更加注重改善民生。

——习近平《在博鳌亚洲论坛 2013 年年会上的主旨演讲》

（2013 年 4 月 7 日）

深化改革，必须坚持全面性。

在这场以改革促扶贫、以改革脱贫困的热潮当中，为促进产业实现快速可持续发展，威县从政策、社会环境、民生保障、生态治理等方面进行全方位护航，助力脱贫攻坚。

第一节　保平安　促稳定

稳定是压倒一切的基石，是经济社会发展和繁荣的基础和前提，如果一个社会和局部环境治安状况差，企业就无法正常生产，人民就无法安居乐业。做好治安工作，为扶贫保驾护航，是威县公安机关的重要任务。

近几年，全县农村地区发案数占到全县发案总数的64.8%。2015年以来，县局积极探索切实有效的农村治安防范新路子，在不断总结经验的基础上，以创建平安和谐新农村为着力点，推广实施了“五位一体”（警务室、治保会、调解会、巡逻队、宣传队）网格化管理做法，取得了良好成效。今年以来，共排查化解各类风险隐患、矛盾纠纷12700余起（个）。

（一）强化统筹规划，“一室四队”形成合力。一是科学划分网络。二是积极推动责任落实。三是着力强化警务室中心地位。

（二）强化治保会建设，“两项举措”增益强效。一方面，积极争取县委、县政府支持，先后研究出台了《关于进一步加强全县农村（社区）治保队伍建设实行绩效管理的实施意见》和《治保主任绩效管理工作考核办法》，通过绩效考核，将治保主任工资纳入财政预算，按每月150元、200元、300元三个档次发放治保主任工资，在有效调动工作积极性的同时切实提升工作质量。另一方面，加强治保主任管理和培训。确定了“日报告制度”，要求每天由一名治保主任到所属派出所报告工作，重点汇报村情、社情日常工作开展情况、工作中发现的不安定因素等，确保治保主任责任落到实处。同时，责任民警建立专门台账规范登记，就工作当中遇到的一些问题给予指导和培训，就一些不安定因素抽出专门时间去整治化解，在提升治保主任能力的基础上增强工作的针对性、有效性。

（三）建立矛盾调解会，“两懂六会”助力调解。成立村民矛盾调解会，聘请村里一些德高望重的人、家族族长为调解会成员，充分发挥调解主功能，对村民中存在的矛盾纠纷进行及时化解，取得了实实在在的效果。

（四）组建巡逻队，“两图一表”强化巡逻。由治保会牵头，组建村民巡逻队，组织开展村民轮岗巡逻，并制作了村庄平面图、巡逻流程图和巡逻登记表，切实提升了巡逻工作规范化、科学化水平，最大限度确保农村治安持续稳定。

（五）强化宣传引导，“五好三模范”扶正村风。以村为单位，建立宣传队，负责村内的治安预警、防范宣传、法治宣传等工作，同时在村内定期组织开展“五好”“三模范”评比活动（“五好”即“好婆婆”“好儿媳”“好儿女”“好夫妻”“好邻居”，“三模范”即“模范遵纪守法村民”“模范调解委员”“模范巡逻队员”）。虽然奖品只是一个暖壶、一个水杯，但是由治保会敲锣打鼓送上门，也在村里掀起了争当模范先进的风气，树立了典型，扶正了村风。

第二节 保通畅 促发展

要想富，先修路。交通运输是经济发展的主动脉。威县要发展，迫切地要求交通经济管理必须紧跟时代的脚步，把握经济发展的脉搏，实时地进行改革和创新。只有这样才能够保证交通运输的重要作用得以充分发挥，为威县发展保驾护航。

近年来，威县紧紧围绕习近平总书记关于“既要把农村公路建好，更要管好、护好、运营好，为广大农民致富奔小康、为加快农村现代化提供更好保障”的重要指示精神，以建设“四好农村路”作为推动农业更强、农村更美、农民更富的主抓手，按照“建得标致、管得精致、护得极致、运得别致”工作思路，成立以县长为组长的“四好农村路”建设工作领导小组，明确目标责任，健全工作机制，深入推进“四好农村路”建设。县域内拥有农村公路 1502.185 公里，其中县道 37.482 公里、乡道 334.703 公里、村道 1130 公里，让群众出行更加便利，为乡村振兴提供了重要支撑，为打赢脱贫攻坚战、推进全县经济社会转型发展提供了有力保障。

城乡路网

城乡路网

精心规划　落实资金

按照《威县总体规划》，根据产业发展、农民致富需求，制定“八纵九横”公路网络规划，按照公路等级标准，建设一条验收一条。将农村公路资金来源、补助标准、招投标等七项内容全部公示公开，强化社会监督，在让农村公路“毛细血管”顺利融入干线路网的“大动脉”的同时，公路建设更加透明、群众用路更加放心。2014 年以来，实施新改建农村公路达 354.9 公里，完成总投资 4.32 亿元，除省补助资金外，县配套资金 3 亿元全部投入建设。

健全机制　明确责任

按照行政区域与公路行政等级，建立覆盖全县农村公路县乡村三级路长责任体系，实行县长任总路长、16个乡镇长任乡级路长、522个村长任村路长的农村公路路长制，召开全面推行“路长制”动员部署会，出台县乡村路长工作规则、管理制度及考核办法，明确路长日常办公职责，并把各乡镇“四好农村路”建设情况与“路长制”落实情况纳入年度考核，县、乡（镇）、村管养责任得到全面落实，形成权责清晰、齐抓共管、高效运转的农村公路管理机制。

示范带动 全民参与

全力推行“县道县管、乡道乡管、村道村管”工作机制，在列养路段设置公示牌，公示养护标准、养护单位和责任人等养护“七公开”内容，将日常养护工作置于群众监督之下。先后创建贺钊镇、张营乡等“四好农村路”示范乡（镇），打造形成“一路两沟四行树”的亮丽风景线。县财政2018年列支日常养护资金250万元、养护工程资金563.3万元，保障农村公路列养率达100%。同时，加大公路养护宣传，发放宣传页3000万余张、悬挂条幅500余幅、开展集体宣讲活动30余次，逐步形成了“人人用公路、人人护公路”的浓厚氛围。

农村道路硬化

路通车达　兴业富农

按照“城乡统筹、以城带乡、城乡一体、客货并举”的思路，坚持路网交通建设，不断健全完善农村公路运输服务网络，形成中心城区到最远乡镇 30 分钟、最远村落 40 分钟的“交通经济圈”。全县拥有客运班线 103 条，客运班车 189 辆，农村客运站 22 个，候车亭 188 个，522 个行政村村村通客车。开通 28 条新能源公交线路，引用社会资金 1100 万元，投放 111 辆新能源电动公交车，实现全县城乡“环保”公交全域覆盖。深入推进农村物流网络建设，完成乡镇综合服务站建设 14 个，乡级物流网络点覆盖率达 87.5%。

在“四好农村路”工作基础上，威县公路带动产业兴盛、产业带民致富效果显著，为全县顺利实现脱贫摘帽打下坚实基础。围绕君乐宝乳业园区打

开通城乡公交

造的侯寺线公路，将沿线的君乐宝五大牧场和乳品深加工厂区与大广、青银两条高速贯通，创造了威县“百日进牛”的建设速度，为五大牧场顺利投产奠定坚实的交通基础。君乐宝产业覆盖六个乡镇175个村（其中65个贫困村），惠及贫困群众2214户4567人。围绕梨产业发展打造的梨产业路，直接带动10万亩梨园快速发展，每亩增收7000元，覆盖四个乡镇90个村（其中34个贫困村），惠及贫困群众1093户2537人。围绕德青源蛋鸡养殖产业园区打造的园区道路，将园区与邢临高速直接联通，推进了园区建设速度，园区现养殖蛋鸡100万只，覆盖四个乡镇126个村（其中48个贫困村），直接带动贫困群众为2117户4424人。截至2018年，全县通过产业扶贫，助推4650户10042人脱贫出列。

一条“天路”通南北

在威县西部西沙河流域，有一块全县闻名的沙地。这里本是洺河故道，既有古老沙丘，又有槽状洼地，土质沙化比较严重，一遇大风天，就是漫天的黄沙，生态环境非常脆弱。这样的环境，种庄稼是肯定不行的，因此当地村民的经济收入主要依靠棉花种植。但就算种棉花，种植成本也比其他地方要高，贫困现象比较普遍，农民人均年收入常年在2200元左右徘徊。

2013年，为了突破贫穷的困境，当地决定以果品产业为突破口，引进了秋月梨、雪青梨、新梨7号和红香酥四个适合沙地种植的品种。但是，酒香也怕巷子深，只有产品是不够的，为了把昔日的沙荒地变为绿洲，县交通运输局充分发挥部门的职能作用，积极争跑上级补助资金，剩余建设资金由县财政补齐，在西部修建了一条长28公里、贯穿南北的梨产业观光路，为该区域大规模梨种植基地建设奠定了基础。

路通了，为确保群众的安全出行，打造畅美舒宜的“绿色廊道”，由县政府组织、县交通运输局指导、沿线乡镇具体实施，在梨产业观光路两侧种上了金叶榆、法桐、速生杨等绿植，张营乡、章台镇、贺营镇、洺州镇等沿线乡镇养管所充分发挥养管主体作用，开展日常养护；同时，县交通运输局以“实施城乡公交一体化”为契机，开通平镇至县城、邵庄至县城、张营至县城公交车。目前，沿该路已经形成了集观光、种植、加工、销售于一体的绿色 A 级高效精品梨产业带。

一条贯穿县域南北的公路，带动了当地的果品产业，果树种植改善了生态环境，又吸引了外地的游人，促进了旅游业的发展，拓宽了当地农民的眼界，农民又想办法寻找诸如冷链、果品加工等更多的致富办法。一路通，百

梨产业带路

路通，当良性循环建立起来之后，当地的脱贫从“难比登天”变成“顺理成章”。因此，这条路被当地的百姓亲切地称为威县的“一带一路”。

因路而兴，因路而美。威县“四好农村路”新一轮建设黄金期即将来临，诚信、淳朴的威县人民将以乡村振兴战略为指引，以创建“四好农村路”示范县为契机，全力以赴建设高质量的“四好农村路”，继续做优做大五大产业，以实实在在的成果，助力威县经济实现“跨越发展，绿色崛起”！

城乡快速路

第三节　保生态　促转型

威县坚持“生态为基、绿色崛起”的理念，深入实施生态扶贫、大气污染防治、美丽乡村建设、环境综合治理等工程，在经济增长的同时，生态环境也越来越好，走出了一条经济与生态共同发展、实现双赢的发展新路。

贺钊镇和侯贯镇所辖的十几个村子从清朝末期就有手工作坊进行皮毛加工。皮毛加工会严重污染水资源，未经处理的污水排到河里，整条河水都变成了粉红色，十里之外都能闻到刺鼻的气味，在当地是远近闻名。村民们虽然从这个行业获得了一些经济收入，但是由水质问题引起患病的现象频发，因病返贫的不在少数。2008 年底，威县卫生局和北京进行联合普查时发现，贺钊镇的胃癌阳性、胃溃疡、重症胃炎检出率全县最高。

河塘治理前后对比

要脱贫，但绝不能靠“断子绝孙”的高污染产业脱贫。环保法规发布后，威县环保局下大力气整治了这个问题。据环保局副局长翁乃若介绍，由于皮毛加工业是当地村民的主要副业，所以工作阻力非常大。但是，威县环保局坚信“良药苦口利于病”“绿水青山就是金山银山”，采用无人机侦查等手段整治，“发现一个进房子”，严格执法。经过几个月的艰苦工作，取缔了上百家小作坊，虽然短期影响经济发展，但是长期来看，却促进了当地产业形态的转型和升级，目前这两个地区的村民一方面靠外出打工挣钱，另一方面改皮毛加工为生产皮毛制品，采取家庭手工作坊生产结合网络销售的方式，同样取得了不错的收益。

生态扶贫　一举双赢

生态扶贫是在一个战场进行的生态建设与扶贫攻坚两场战役，是“双赢”之策。

威县在全县16个乡镇聘用建档立卡贫困人口生态护林员53人，完成造林绿化5.2万亩，发展林果业，年产值达6亿元，林下经济年产值达0.5亿元。

一是将生态乔木林补助政策优先向贫困村、贫困户倾斜，对造林面积10亩以上并验收合格的，财政一次性给予占地补助500元，苗木补助200元。

二是造林及森林抚育劳务用工优先聘用贫困人口，最大限度吸纳贫困人口，对贫困人口占到60%以上的造林专业合作社和专业队，优先支持其承包造林绿化工程，使贫困群众在造林绿化中增收致富，实现生态建设与精准脱贫的双赢。

三是大力发展优质梨、葡萄等特色经济林、良种繁育、观光采摘等绿色产业，重点推广威梨和根力多葡萄等林果产业扶贫经验，促进贫困人口增收。2018年，全县经济林面积3.5万亩，高标准优质林果示范基地总数达到20个。同时，充分利用国家重点林木良种基地现有资源，带动周边贫困群众发展杜仲及其他良种培育，让更多农户参与到林业产业发展，增收致富。

威县林业局2018年度年终考核工作会

植树造林场景

全域治理　焕然一新

今天，行走在威县，只见河水清澈，两岸绿树成荫，道路成线、一路一景，节点成园、一园一景。

这源于威县深入实施绿地、碧水、蓝天、洁净“四大工程”，森林覆盖率从2009年的3.78%增长到2019年的32%，连续五年代表邢台市接受河北省森林覆盖率净增量考核，2016年被评为“全国绿化模范先进县”。对全县230多公里河道进行确权整治，引水7000万立方米，构建了全县域水系；在全省第一个实现南水北调通水，智慧节水模式成为全国示范点，获得“全国生态文明先进县”等殊荣。

南水北调引来一渠清水

“增绿”——建成31公里、6335亩的环城背景林带，成为县城和开发区的“绿色屏障”；完成县城和开发区植树15万株，新增绿地215万平方米，2012年提前一年创建为省级园林县城，代表邢台市接受全省森林覆盖率净增量目标考核验收。

环城背景林带

“碧水”——投资12亿元强力推进“水生态修复”，对城区洺水河、金水河、琉璃河等河渠进行了综合治理；引黄河水4次、3200万立方米，关闭自备井45眼，20多年来地下水位首次回升，完成投资3亿元建成15公里的金水河生态景观带。

水草丰美的洺水河景观

河岸风景

金水河

“蓝天”——威县以结构减排为主线，以优化产业结构、能源结构以及威县 25 项专项行动方案为抓手，打响蓝天保卫战。投资 3.6 亿元实施集中供热，供热面积达到 170 万平方米，关闭地热井 8 眼，拔掉烟囱 107 根，开发区只有热源厂 1 根烟囱；投资 2 亿元，实施西气东输及天然气入户工程，规模住宅小区全部实现集中供气。实施集中供热、气代煤、电代煤、可再生能源“四个替代”，强力整治燃煤锅炉，全面推进城乡居民供热清洁化。

县城一景

蓝天碧水

“洁净”——扎实开展城乡环境卫生综合整治，持续开展“清除积存垃圾、治理施工扬尘，取缔马路市场、管控渣土运输，规范广告牌匾、严格控违拆违”行动，代表邢台市接受全省观摩。实施城市精细化管理，全方位加强清扫保洁，实现主城区洁净清扫全覆盖，做到“以克论净”，精准管控工地、机动车，彻底关停取缔“散乱污”企业等。

高新区一景

整洁的街区

第四节　保民生　促和谐

为全面落实健康扶贫“两手抓”的工作思路和“四个百分百”的工作要求，威县以“六个全覆盖”，保障贫困户生活的方方面面，彻底解除他们的后顾之忧。

民政兜底全覆盖

坚持低保线与扶贫线“两线合一”，制定《农村最低生活保障制度与扶贫开发政策有效衔接实施意见》，建档立卡贫困人口享受低保救助 13574 人，占全部建档立卡贫困人口的 59.3%，2018 年，全县发放低保救助金 3762 万元、五保供养金 1307 万元、残疾人补贴 313 万元，民政兜底做到应保尽保、应扶尽扶。

民政局工作人员为贫困户讲解兜底政策

扶贫助学全覆盖

习近平总书记说，扶贫必扶智，治贫先治愚。教育是阻断贫困代际传递的治本之策。

2014 年以来，威县共投资 10 亿元，改扩建薄弱学校 89 所、更新教学设备 125 所。实施农村义务教育学校营养改善计划，5.4 万名农村学生直接受益。全面构建普惠性学生资助体系，实现扶贫助学全覆盖，2014 年以来发放资金 6883 万元，累计资助 6.04 万人次；同时，严格落实建档立卡贫困学生学前资助、义务教育贫困寄宿生“两免一补”、高中段“三免一助”、中职“雨露计划”等政策，全县无一名学生因贫辍学。2017 年被教育部和河北省认定为义务教育发展基本均衡县。

扶贫助学校区

开展脱贫攻坚工作以来，县教育局充分发挥教育在精准扶贫中的基础性、带动性作用，扎实推进教育精准扶贫，助力全县整体脱贫攻坚工作。

做好顶层设计，精准识别贫困家庭

摸清底数、识别对象是做好精准资助的前提。为此，县教育局成立了16个工作组，通过“三下三上”的程序逐村、逐户、逐生进行摸排登记。一下：给16个工作组下发建档立卡贫困家庭基础数据。一上：16个工作组将入户调查资料分类汇总上报教育局。二下：将工作组统计的数据下发到相关学校核实是否本校在校生。二上：各相关学校确定是否本校就读学生后将名单上报教育局。三下：教育局汇总《教育扶贫最终确定名单——拟资助花名册》发放到相关学校。三上：各相关学校确定教育扶贫资助学生名单，上报教育局。至此完成教育扶贫建档立卡贫困学生的确定工作。

严格工作程序，积极落实资助政策

2016—2018年共计落实建档立卡贫困学生资助资金617.77万元，惠及建档立卡贫困学生3961名。

王巧冰同学系威县一中精英部高一3班学生，该生成绩优异，其家庭成员共有四口人，属于农村低保家庭、残疾家庭。母亲在其出生之前患有精神疾病，后经治疗仍患有精神间接性并发症，需常年吃药维持且药费较高。其父亲在2011年因意外造成手臂残疾，落下不能干体力活儿的后遗症，2017年又患有高血压等疾病。因照顾家庭，其父亲无法外出务工，只能在家务农。家里还有一个幼小的弟弟需要看顾。这样的家庭境况让王巧冰同学濒临辍学，但她没有自暴自弃，而是自幼就非常懂事独立，学习之余经常帮父亲干些农活儿。

在学校了解了王巧冰同学的家庭状况后，年级部副主任赵力强和班主任侯月芹对其进行了家访，详细了解了贫困情况，向学校申请免除了各项学杂费用，并帮助她申请了国家助学金。

接到学校相关资助后，王巧冰同学感受到了这个社会充满了爱，更加坚定了努力学习的信心。她曾经对老师说："是这笔助学金，让我有了追逐梦想、改变命运的机会，我一定会坚持努力，并把这份希望与关爱传递下去。"

自2012年开始，国家助学金累计资助学生6000余人，资助金额1300多万元，资助领导小组每年会对申请资助的学生严格筛选，制订实施方案和评比办法，让每一份助学金都用到真正需要帮助的学生身上，帮助贫困学生完成学业，实现梦想。

基本医疗全覆盖

落实先诊疗后付费、"一站式"报销服务，在省市"三个一批"（大病救助一批、重病兜底一批、慢性病保障一批）的基础上，创新"五个一批"（普通住院治疗一批、重大疾病救助一批、慢性病救助一批、家庭病床管理一批、家庭医生签约一批）管理服务，解决因病致贫返贫问题。

大病专项救治——将罹患儿童先心病、儿童白血病、胃癌、食道癌、结肠癌、直肠癌、终末期肾病、乳腺癌、宫颈癌、肺癌、肝癌、急性心肌梗

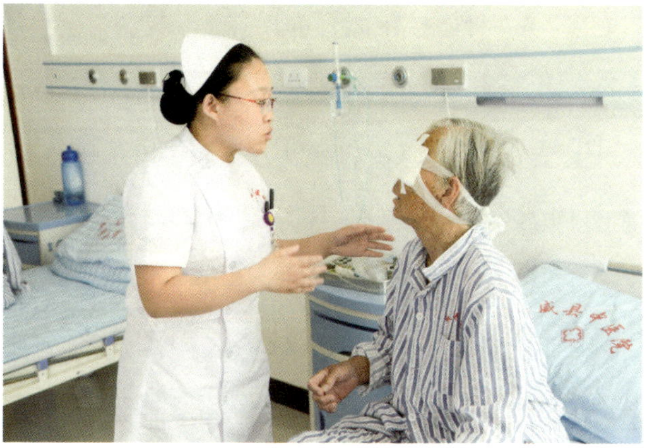

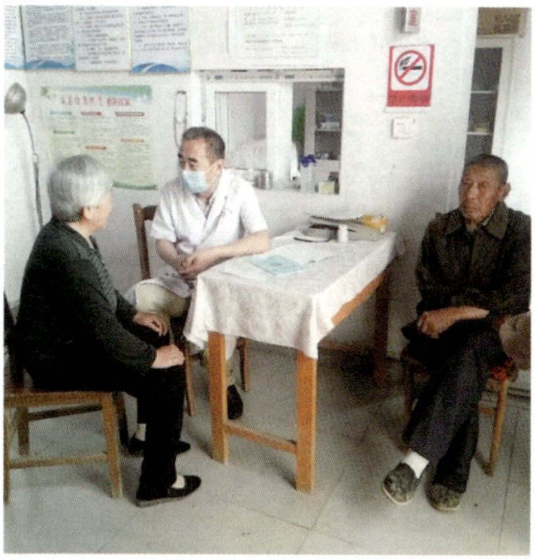

医疗救助画面

死、白内障、尘肺、神经母细胞瘤、儿童淋巴瘤、骨肉瘤、血友病、地中海贫血、唇腭裂、尿道下裂等21种疾病纳入大病集中救治范围。指定县人民医院、县中医院为定点医院，成立救治专家组，制订诊疗方案，规范临床路径管理，严格执行单病种控费。2018年共救助贫困大病患者215人，救治率达到100%。

普通住院——施行贫困人口县域内住院“先诊疗后付费”“一站式”结算，贫困人口住院不掏住院押金，不扣押身份证、户口本原件，直接办理住院手续，出院时只需缴纳基本医疗、大病保险和民政救助报销之后的个人自付部分即可。2018年各医疗机构共执行“先诊疗后付费”“一站式”结算5812人次。

家庭病床——针对符合建床条件的非危急重症且适宜居家诊疗的农村建档立卡贫困患者，由乡镇卫生院医务人员定期上门巡诊、治疗与护理，医药费用由城乡居民医疗保险、医疗救助资金予以重点解决，减少患者医疗费用，重点解决了部分贫困群众无法住院治疗、在家治疗医疗费用不能报销问题。累计建床2292人次，减轻患者负担134.78万元。威县家庭病床服务模式被中央电视台、河北省电视台、中国新闻网等多家媒体报道，得到社会广泛关注，赢得了贫困家庭的一致好评。

老人又学会“走路”了

章台镇鱼堤村有个叫郝双吾的老人，他患高血压病、脑干梗塞三年多了，双下肢肢体功能障碍不能行走，儿子几年前触电身亡，剩下老两口和儿媳以及两个年幼的孙子相依为命，生活仅靠儿媳耕种的几亩薄田和亲戚朋友的接济，生活极其困难。即使老两口常年患病也舍不得买药，血压忽高忽低，才58岁的他头发花白，看上去像七八十岁。

2017年10月，章台中心卫生院成立家庭病床科，对辖区内因病致贫贫困户进行入户走访。医护人员经过走访调查，了解病情后为郝双吾建立了家庭病床，首先对病人进行一系列体格检查和辅助检查，对身体状况进行综合评估，然后制订详细的治疗方案，对用药进行了调整。俗话说福无双至，祸不单行。建床不久，郝双吾的老伴儿因子宫肌瘤做了手术，加剧了郝双吾的高血压病。儿媳既要陪护照料婆婆又要照顾公公和两个年幼的孩子，本就贫困的家庭雪上加霜。家庭医生得知情况后立即进行家庭访视，详细讲解了术后护理和注意事项，经过一个月的治疗，老人的血压逐渐恢复至正常，郝双吾自己也感觉精气神好了很多。在平稳血压的基础上，家庭医生给老人制订了肢体功能恢复训练计划。之后每次巡诊，家庭医生都扶着老人慢慢活动僵硬的肢体，重复着一个个单调的动作，终于老人能下床活动了，偶尔还能自己到院子里慢慢活动，老人的脸上又恢复了笑容。

郝双吾能自己照顾自己，老伴儿帮衬着照顾孩子，偶尔还能下地劳动，儿媳安心地外出工作，这个濒临崩溃的家庭又恢复了活力。

家庭医生签约履约——威县组建家庭医生团队433个，常住人口签约

家庭医生帮郝双吾做康复理疗

392717 人，贫困人口签约 20487 人，重点人群签约 137985 人，履约率达 100%。贫困人口家庭医生签约服务实行“三级包联”制度，对精神残疾和智力残疾的贫困人口实行“双签双服”，实现了家庭医生签约“应签尽签”和“签约一人、履约一人、做实一人”的目标要求，切实提高了贫困人口家庭医生签约服务的质量。

卫生室建设——522 个卫生室中使用中央或县财政资金建设的 484 个，全部按照统一标准进行施工，做到了四室分离且相对独立。所有村卫生室均正常使用，配齐基本医疗器械和 16 类 80 种基本药物，水、电、暖设施齐全，做到了“产权明晰、室容整洁”。

家庭医生为村民上门诊疗

农村卫生室

饮水安全全覆盖

2014年以来，威县共计投资5600万元解决121个村的饮水安全问题，其中投资2565万元解决了50个贫困村的饮水安全问题。2017年又投资272.8万元，对15个乡镇47个贫困村的农业水利设施进行维修、养护，更换三个贫困村饮水安全管道。截至2019年，全县522个村全部实现安全饮水，水质检测全部合格。

村民用上了自来水

安全住房全覆盖

2014年以来，威县常态化开展农户住房安全大排查，争取上级资金3258万元改建危房2782座。对随时排查发现的住房安全隐患问题，立整立改。同时，对仍居住在危险住房，但有多处住房的农户，做思想工作劝其搬入安全住房；对边缘户，县财政安排资金1000万元解决，确保全县所有群众住房安全。

改造后的新民居

王振国是个老光棍，十八岁那年，他因为意外失去了一条小腿，再加上家里本来就穷，就一直没娶媳妇，是村里有名的困难户。他身体有残疾，劳动能力欠缺，家里只有一间父母留下来的土坯房，年久失修早就成了危房。

去年，村里不光给他申请了低保，还给他申请了一份“护路员”的公益性工作，让他有了每个月三百元的收入，再加上残疾人补贴和土地流转租金，他每年能拿到8000多元。更重要的是，去年他终于搬进了改造后的新房，成为村里最后一个脱贫的贫困户。

王振国和他的新民居

社会保障全覆盖

威县县财政出资为符合条件的贫困人口缴纳医疗保险和养老保险，参保率均达100%。县财政出资380万元为建档立卡贫困群众购买商业补充保险，为4.8万名年收入4000元以下的临界边缘群众缴纳防贫保险，构建精准防贫长效机制。

为贫困户发放防贫保险救助金

同时，探索医疗卫生与养老服务融合模式，引进社会资金一亿元，兴建大型农村敬老院 3 个、农村社区敬老院 27 个，总床位达到 2200 张；创新“医养结合”模式，新建三家“医养结合”养老机构和一个医养中心。

敬老院里其乐融融的老人

安乐的老人在村广场休息

第五节　聚合力　促脱贫

按照习近平总书记关于“调动各方力量，加快形成全社会参与的大扶贫格局”的要求，威县广泛动员社会各界参与，形成脱贫攻坚合力。

一是探索公益补充。成立威县公益志愿者协会和 18 个分会，开展“善行威县，扶贫惠民”等志愿服务活动，六年来捐赠扶贫济困款物折合 1000 余万元。

社会力量参与扶贫场景

二是推广孝道文化。复制推广远近闻名的孙家寨孝亲敬老做法，把赡养老人纳入村规民约，开展“好媳妇”“好婆婆”“好儿女”等评选，引导群众形成尊老敬老、移风易俗新风尚，建成250个尊老敬老示范村。

威县宣传推广孝道文化。图为老人们在享用孝道大餐

三是举办爱心捐助。开展“扶贫先扶智，我为威县做贡献——爱心捐书活动”，获捐图书15万册，全县各村农家书屋都达到了标准要求。在县城人流密集地方和住宅小区，安装衣物捐助箱，捐献衣物三万余件。

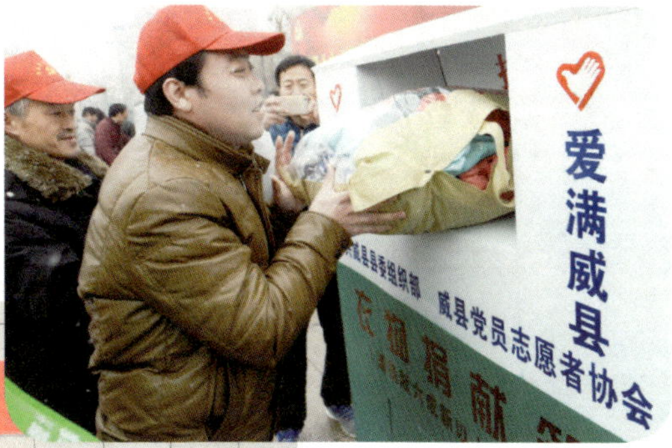

社会力量爱心捐助场景

四是发挥企业示范效应。深化“百企帮百村”活动，引导42家民营企业与贫困村结成帮扶对子，开展就业、产业、技术、项目扶贫济危救难助学活动，帮助贫困村拓宽致富门路、开发特色资源，培育主导产业、增强造血功能。

企业积极参与扶贫惠民工程

05

Chapter

扶长贫　齐改革

要关心爱护基层一线扶贫干部，让有为者有位、吃苦者吃香、流汗流血牺牲者流芳，激励他们为打好脱贫攻坚战努力工作。

——习近平《在打好精准脱贫攻坚战座谈会上的讲话》

（2018年2月12日）

脱贫攻坚，既讲责任更讲感情，必须把贫困群众当作自己亲人一样，将心比心。

第一节 好政策发挥好效果

开展扶贫工作，首先要做到的就是精准识别扶贫对象。威县坚决消除该进未进、该出未出、不该进的进、不该出的出等现象，做到扶真贫、真扶贫，脱真贫、真脱贫。严格按照中央和省市安排部署，开展建档立卡“回头看”，做到“三个一”。

制订一套识别方案。制订《威县农村贫困人口建档立卡“回头看”工作方案》等“1+4+1”方案，形成识别—建档—追责的监管机制，使省市“两率一度”回头看工作更加细化、量化、具体化。

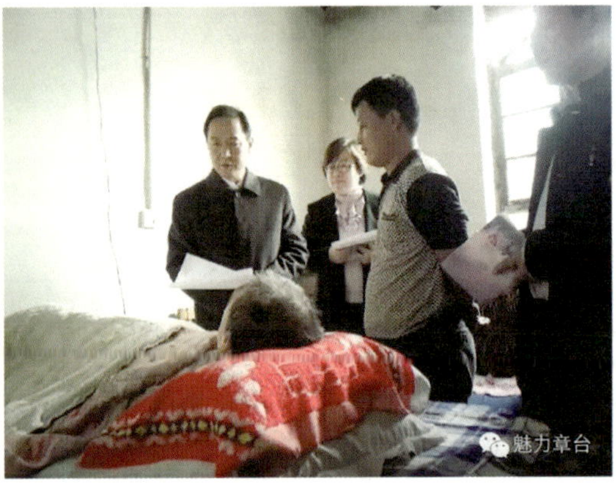

干部下乡慰问调研

设计一套识别模式。每村绘制住户分布图，一次入户摸清贫困户 + 低保户 + 危房户 + 特困户“四个底数”精准识别。同时，绘制基础设施建设图，明确路、砖、灯、广场等设施的建设安装位置，做到一目了然。

驻村干部到贫困户家中摸底

建立一套联动机制。建立领导住村解剖、工作队留痕、部门比对信息、群众评议打分“四级联动”机制。开展“冬日暖阳”“春风化雨”活动，县级领导带头按照每人分包两个村、每村三户的标准，深入贫困村户开展帮干一次农活儿、查验一次政策落实、解决一个实际问题、进行一次谈心交流、开展一次收入调查“五个一”活动。逐户走访、逐项算账；落实月收入填报制度，动态记录贫困户底数、致贫原因、帮扶措施、收入情况等，做到过程留痕；建立与公安、民政、人社等部门数据信息共享机制，动态监控各群体人员生产生活状况；严格把握“两不愁三保障”识别标准和“六不评”“五必看”“六优先”识别政策，最大限度减少失误，全县未出现因识别退出引发的信访案件。

扶贫干部为村民宣讲政策

第二节　好团队带出好作风

扶贫工作的艰巨性和复杂性，对一线扶贫干部的履职尽责能力和队伍建设提出了新的考验。威县广大扶贫干部攻坚克难，带领群众盖房子、闯路子、收票子，脱贫成效显著。在这一过程中，干部作风沉下来了，干群关系更密切了。不仅群众脱了贫，干部思想能力也脱了“贫”。威县的脱贫攻坚工作展现出新气象、新作风、新面貌。

威县水务局——水利扶贫润民心

水利与民生息息相关。威县水务局认真贯彻落实县委、县政府关于精准扶贫、精准脱贫的决策部署，对分包的常屯乡脱贫攻坚工作提供强有力的水利保障。

让老百姓喝上放心水

让老百姓喝上放心水，是最基本的民生保障，也是最紧迫的民生工程。

“为有源头活水来”，首要任务就是要做好水源保护。水务局针对常屯乡实际情况，依据相关法规，制定《健康扶贫农村饮水水源保护实施方案》，同时全面开展乡村集中式供水水源保护及水质检测工作，加强水质监测，确保自来水水质达到国家标准。其次，集中力量对全乡 31 个行政村的农户饮水安全问题进行了拉网式排查，对不符合标准的进行集中改造，实现饮水安全全覆盖。同时，自 2017 年以来投入 560 万元购置水利工程维修使用的机井泵 94 台（套）、安装低压防渗管道 12 万米 1.45 万亩、小管出流 132 亩、更新浅井 17 眼，大大提升了水利基础设施水平。

从饮水解困到提质增效，从农村饮水到城乡统筹，从水源保障到长效管护……在解决群众饮水问题的多个维度上，县水务局都在传递着一种能量，这能量，就是把好事办好、实事办实的责任与追求。

巩固生产之要

如果说灌排骨干工程是“大动脉”，那么小型农田水利工程则是深入田间的“毛细血管”。

检查滴灌设施的防渗管道

水务局通过打井、修建扬水站、安装防渗管道、修建坑塘等，扩大水浇地面积，解决了贫困村的人畜饮水问题；通过开展河道界确权工作，利用确权土地，修建巡堤公路，新建、改建桥梁，解决了贫困村行路难问题。同时，根据县梨产业发展规划，保障了“梨园建到哪里，水利设施就建到哪里”。

关心吃水问题，更关心百姓生活

解决了安全饮水问题，水务局选派精干力量到常屯乡横河村、南大城村开展“精准扶贫”工作，对五个非贫困村选派了督导联系人。

深入每家每户，逐一摸底调查，实地查看村里的主干道、小胡同，地里种的什么农作物，有没有其他收入来源。说起村里的状况，每个干部都如数家珍。正是有了这份熟悉，才有信任和方法。“冬日暖阳”“春风化雨”活动，送去的不仅是生活物品，更是关怀和嘱托。到辍学学生家中走访，送去的不仅是助学金，更是学生心中的一份希望。

民生期许殷殷，治水未有穷期。县水务局坚持做暖人心、惠民生的实事，不忘初心，继续前进。

工作队到村民家走访

为村民改厕

为村民安装自来水

南大城村扶贫队——以真心融入群众 用真情服务群众

“扶贫之路，是艰苦跋涉，是阳光心路，更是平实的描绘”，这正是南大城村扶贫队的真实写照。这是一支三人队伍：高新区牛春晓同志任第一书记兼队长，郭万飞和张力同志是队员。他们常笑着说，三个臭皮匠顶个诸葛亮，我们应该叫“诸葛亮扶贫队”。正是这支阳光向上的队伍深深地把根扎在村里，更将温暖留在村民心里。

愿每一位村民都能被温柔相待

60 多岁的村民张金甫家中脏乱不堪，因为妻子是外地人且患有精神疾病，更是不分昼夜都紧锁家门。工作队到其家中走访时，其妻子蓬头垢面，已近一年没有洗过澡、洗过头。队员张力拿来干净衣服，像对待亲人一样，为张金甫爱人洗澡，张金甫感动得老泪纵横，一直称赞张力“真是个心善的好人啊”，为照顾两人生活，工作队成为老人家里的常客。

另一位村民刘卫亭因为治疗脑瘤欠下 10 多万元外债，后续治疗仍需要大笔费用，其家人心急如焚。在了解其情况后，工作队迅速核实情况，用最短的时间为夫妻两人办理低保，带着保养品看望刘卫亭，帮其坚定积极治疗的信心。

工作队员像对待亲人一样对待贫困户

带头讲卫生、扫垃圾

村子里由于村民乱倒垃圾，经常污水横流，散发着难闻的气味。为改变这种不良习惯，工作队带头上街打扫，除杂草、清垃圾，挨家挨户给群众做思想工作。然而，长年习惯一时难以改变，工作队就不厌其烦地一遍遍帮不配合的村民打扫院子，以实际行动感化村民，最终街道整齐，村民也默默地加入护卫行动中。

为村里争取健身器材，让村民也能像城里人一样健健身，有地方跳跳广场舞；为贫困户购置桌椅、送米面油等生活必需品，为村里争取扬水站水泵两套……在工作队看来，这些事不论大小，只要能为村民解决实际问题和困难，就会全力以赴地去做。

与城里一样的农村健身设施

第三节　好干部赢得好口碑

威县的扶贫干部顶烈日、冒酷暑、迎风雨，以自己的辛苦指数换来群众的满意指数。在干部实干作风的感召下，“靠着墙根晒太阳，等着政府送小康”的贫困户越来越少，奋起脱贫的贫困户越来越多。

把实事办到群众心坎上

“多亏了杨书记帮忙找工作，现在我一个月能挣 3000 多，今年能过个好年了。”谈及即将到来的年关，枣园乡全礼村的贫困户张振山脸上比往年多了几分轻松。这一年的 7 月份，年龄偏大的张振山在驻村第一书记杨克周的帮助下到清河一家汽车配件厂上班，为这个贫困的家庭带来了一份稳定的收入。

杨克周（右二）和张振山（左一）

2016年3月，按照县委统一安排，县人社局杨克周担任驻枣元乡全礼村第一书记，在各级党委、政府的领导下，他积极配合村“两委”开展扶贫工作。在他的带领指导下，该村铺砖11000平方米，安装路灯48盏，建起了10米长的文化长廊、500平方米的多功能广场，贫困人数由2016年的32户72人减少为3户4人，贫困发生率由2016年的4.9%减小为0.28%。

杨克周走访困难群众

响应群众关切，办实事、解难题

驻村后，杨克周立即投入紧张的工作之中，他首先与村“两委”干部沟通交流，走访群众，查询实情，详细了解群众生产生活中的实际困难。在走访中，杨克周得知村里两眼机井深水泵老旧，出水量少，不能满足村民灌溉需求的情况后，非常焦急。因为马上面临春耕，这种情况很可能耽误播种，影响农民切身利益。他迅速行动起来，积极与县扶

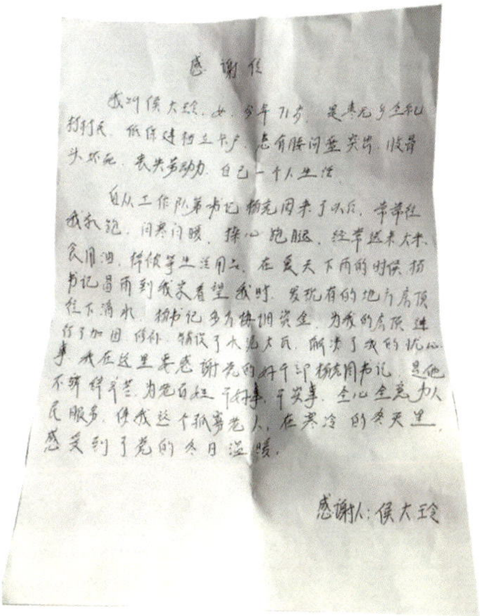

感谢信

我叫侯大玲，女，今年71岁，是枣元乡全礼村村民，低保建档立卡户，患有腰间盘突出、股骨头坏死，丧失劳动力，自己一个人生活。

自从工作队第一书记杨克周来了以后，常常往我家跑，问寒问暖，操心跑腿，经常送来大米、食用油、棉被等生活用品。在夏天下雨的时候，杨书记冒雨到我家看望我时，发现有的地方房顶往下滴水，杨书记多方协调资金，为我的房顶进行了加固修补，铺设了水泥大瓦，解决了我的忧心事。我在这里要感谢党的好干部杨克周书记，是他不辞辛苦，为老百姓干好事、干实事，全心全意为人民服务，使我这个孤寡老人，在寒冷的冬天里感受到了党的冬日温暖。

感谢人：侯大玲

村民写给杨克周的感谢信

贫办协调，争取资金支持。为尽快办好此事，他自掏腰包跑办资金申请的相关手续。经过努力，争取到价值4万多元的两眼机井深水泵等配套设施，使800多亩农田得到了及时浇灌，直接受益群众200多户，得到村民发自内心的感激和认可。

今年夏天，在查看贫困户的房屋状况时，杨克周发现贫困户侯大玲家的房屋漏水，威胁到侯大玲的人身安全。侯大玲只有一个女儿已经出嫁，现在独自一人生活，年迈无经济收入，自己无能力修缮。杨克周看在眼里，急在心上。他迅速将此事向乡党委和县人社局领导进行了汇报，并多方协调。最终从县民政局为侯大玲申请到救助金。杨克周亲自采购石棉瓦等修缮材料，联系施工队，彻底解决了房顶漏雨问题，解除了侯大玲的后顾之忧。侯大玲十分感激，为感谢人社局驻村工作队的帮助，她委托村“两委”给县人社局送去了一面锦旗。

把人社服务延伸到村里

“全礼村人口1400多人，在外经商务工人员多，与家人在信息反馈和证件传递方面存在诸多不方便的实际问题，”杨克周说，“村民的生活离不开人社服务，比如职业介绍、社保缴费、医保缴费等，只有把人社服务延伸到村里，才能更好地为村民服务。”

村委会有了人力资源和社会保障服务站，服务站里配备了电脑、传真机、打印机和扫描仪等信息化设备。“现在，村民不用出村就可以享受政策查询、业务查询、招工求职等服务，”杨克周介绍说，“驻村工作队员定期到便民服务站值班，帮助群众办理事项，极大地方便了群众。”

同时，杨克周和工作队还积极向村民宣传国家就业创业扶持政策，受理群众的政策咨询和业务咨询，开展职业指导和职业介绍服务，为群众提供企业招聘信息，联系就业单位，推荐工作。

“有了规矩才成方圆”

扶贫先扶“志”和“智”。驻村不久，杨克周就发现村里存在结婚攀比财礼、红白事铺张浪费、环保意识淡薄等现象。

为帮助全礼村树正气、求发展，纠正不正之风，杨克周与村干部交流，征求他们的意见或建议，走访群众，了解群众的心声，听取群众的建议，在村干部的大力协助下，制定了村规民约，成立了村红白理事会，通过召开群众代表大会和村喇叭广播进行宣传。全村无论是村干部还是普通群众都要按规定办事，认真遵守，不得超标准，不得出新花样。通过一系列措施的实施，遏制了大操大办、铺张浪费，为村民节约了开支，也避免了因婚返贫现象的发生。

有了规矩才成方圆。《村规民约》实施后，村民们的文明素养不断提升，大家积极配合村庄的建设，全礼村的邻里纠纷减少了，环境卫生变好了，村民间更加和谐友爱了。

放弃百万年薪回村“尽孝”的村官

河北威县孙家寨村青年付宏伟，经历过一次父亲大病出院，想到村里还有好多老人儿女不在身边，谁来侍候孝敬他们？他拿定了主意，放弃年挣百万元的业务回到了故乡，回村担任副支书，为全村老人当孝子。他在村里弘扬孝道，几年时间，改变了一个村庄的民风村风和生活。2014 年 8 月，付宏伟荣登“中国好人榜”。

大孝村官带出孝道村，这里就有“免费的午餐”

给全村人提供免费午餐是付宏伟的创意。每到农忙时，他 60 多岁的父母在地里忙活，有时连午饭也顾不上做，大多是凉馒头就咸菜，他觉得心痛，便提出农忙时给村民提供一顿免费午餐的建议，得到村支书付维华、村主任付月珍的赞成。

在当地的民间习俗中，初一、十五是大日子，这两个日子，也是孙家寨村最祥和欢乐的日子。每逢初一、十五和重大节日，该村老人都能享受一顿孝老盛宴。每到这两天付宏伟就和义工们早早在村委会大院里忙活起来，蒸

付宏伟为老人做免费午餐

馒头、包饺子、炒菜。饭菜的香气弥漫开来，村里100多位65岁以上的老人笑着吃着，享受这一份特殊的团聚和幸福。年龄大了、腿脚不好使的“空巢”老人，足不出户可以享受一次送上门的美餐，老人对付宏伟说：“你像照顾亲娘一样待俺，生活在孙家寨村的老人托的是你的福哇。”

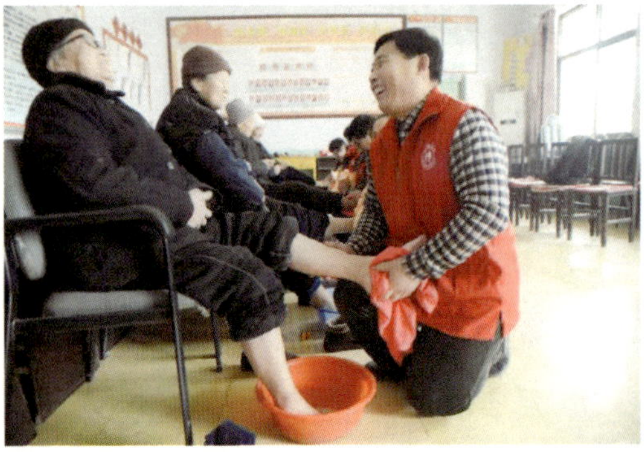

付宏伟为“空巢”老人洗脚

孝老盛宴

“没有围墙的敬老院”，一个孝子全村安

在孙家寨村的孝道大讲堂，课堂里坐着 30 多个学生，有 60 多岁的老人，有 30 多岁的青年，还有 10 多岁的少年，有本村的村民，还有邻村、附近县市前来听课的学生。下课后学员们又成了义工，择菜、洗菜、烧火、做饭，给全村 65 岁以上老人做孝敬餐、洗脚。两年来，这个大讲堂办了 50 多期，从这里走出了 3000 多名学员，无论走到哪里，他们都成了孝道文化的传播者。

孝文化入心入脑，使孝老成了自觉行动。村里做“伙饭”，开始大多是付宏伟掏腰包，后来，这个送菜，那个送面，全村 200 多人都送过，有一个爱心人一次送来了一吨食用油，大庆的一个爱心厂家送来了 200 多公斤木耳，再多的人吃饭也不用愁。

每到重阳节村里好不热闹。获评“慈母之家”“孝子之家”的模范挂匾

“孝子之家”选出村民道德模范

戴花，赠送大彩电，敲锣打鼓，好不荣耀。至今已出现20多户慈母、孝子之家，他们成了村民追捧的明星。自发组织起来的义工和志愿者，把需要照顾的老人的家都当成敬老院的房间，老人们足不出户就能享受到在敬老院一样的待遇，现在的孙家寨已经成了“没有围墙的敬老院”。

俗话说“一个孝子全家安”，孙家寨村则是“一个孝子全村安”。在他的带领下，来自外地和本村的20多名义工长期在村里行义举、做善事，种种孝道事让孙家寨成为远近闻名的“孝道村”，村风淳朴祥和，村庄平安和谐。

为老人提供免费午餐、义务理发

“温暖产业”客户络绎不绝

孙家寨的孝悌之风渐渐出名了，孝德成为村寨响亮的品牌，不仅全村老人受益了，随之受益的还有村种植业。

付宏伟租赁土地建起了几十亩莲藕池，开始了在家乡的“二次创业”。他的“二次创业”依旧充满仁爱诚信的道德色彩。同样的地，他每亩比别人多出租金200元；别人种藕用化肥，他却用农家肥；口感十分甘脆的莲藕他免费送给全村老人吃，卖的价钱还比“化肥藕”便宜。苍天不负好心人，他种的莲藕每亩产量高达6000多斤，竟高出化肥种植每亩2000多斤。种莲藕的收入为他的孝老事业增添了活力。

孙家寨是个传统的棉花种植村，棉花是这个村最大的资源。一些爱心企业家纷纷前来订购被褥。随着需求量越来越大，付宏伟开始收购村民棉花加工被褥。高价买棉花、低价卖被褥，五斤的棉被填六斤的棉花，付宏伟的产品像他的人品一样赢得广泛信任和赞誉，前来订货的客户络绎不绝，一个“温暖产业”诞生了。

感人的举动，伟大的孝道事业，让付宏伟荣获2012年“感动河北十大人物”提名奖、2012年“邢台好人”等多项荣誉，孙家寨村被多家单位命名为孝道教育基地，先后有中央电视台、凤凰卫视等30多家媒体进行了报道。

村子还是那个村子，乡亲还是那些乡亲，但孙家寨的民风村风、村民生活却因“弘扬孝道”发生了根本改变。付宏伟的大孝之举、孙家寨的孝道村建设，不仅是弘扬中华民族传统美德的积极实践，更成为农村精神文明建设的新创举。

“满意度爆表”的扶贫干部

“群众是发自内心地对你满意！”这句中肯的评价正是对扶贫干部张磊发出的。张磊是2017年初由河北省委组织部选派到威县驻村扶贫的。一年多驻村过程中，张磊有担当、有作为、有真情，干部群众无不称赞，可谓“满意度爆表”。

让每个孩子都能安心上学

这是张磊的心声，也是他的行动。他走遍了全县的中小学，与校长、老师深度交谈，将全县教育改革现状记在心里，为全县“发展教育脱贫一批”厘清思路，确保贫困家庭学生“升学有保障、就业有能力”。

他积极奔走，为威县争取到省级教育专项经费1.37亿元；协调中国教育发展基金会资金560万元对14个乡村中小学危旧校舍进行改造、750万元支持威县“七一”教育培训基地建设；协调职业教育质量提升计划资金200万元提升职业教育发展水平；协调河北省教育厅连续两年为威县安排特岗教师计划210名，名额居全省第一。

争取多方力量支持威县

为威县学子谋福利，张磊赴北大、清华等高校，协调落实普通高校国家贫困地区专项计划，加大对威县考生的支持力度。为保障威县顺利通过省、国家义务教育均衡县验收，协调有关出版单位捐赠了价值200多万码洋、近6万册的中小学图书。协调江苏省有关文化企业，为乡村中小学捐赠了300把吉他等乐器。协调中国妇女发展基金会支持10万元，改善乡村中小学办学条件。协调联想集团等企业，为威县教育捐赠1000万元的设备、软件和服务……

张磊被评为中央和国家机关脱贫攻坚优秀个人

为推动产教融合发展，他推动苏州市教育局与威县政府签署职业教育战略合作框架协议；协调10多家全国示范性职业院校与威县职教中心签署合作办学协议；还积极推动南开、华北电力、北京化工、中国农大与威县相关企业单位开展项目合作，实现高校科研与贫困县产业发展的精准对接……

“人卫书香传爱心，朝阳义诊送温暖”、“国开书屋”、图书捐赠，每一项活动背后都饱含他对扶贫工作的用心，为威县谋取的每一份福利，都源自他对扶贫任务的担当。

16个乡镇、31个贫困村、185家贫困户，他用脚步丈量，用心去牢记，用真真切切的行动回报百姓对他的信任和支持。

张磊被评为中央和国家机关脱贫攻坚优秀个人证书

带领群众致富脱贫的“梨财神”

有这样一位老人，带着对人民的深情，踏遍威县每寸土地。春去春又来，他带领农民艰苦创业，让13万亩沙荒地变成绿色A级梨产业带，3万多农民人均增收5000多元，1.87万人实现稳定脱贫。

这位老人名叫曲宪忠，今年73岁，威县经济林建设高级顾问、首席梨产业专家、省林业厅原副厅长，群众亲切地称他为威县的“梨财神”。

忘我——满腔热忱投身“梨想”产业

夜已至深，曲宪忠仍坐在电脑前，修改给农民培训的授课课件，每一页都是他查遍资料呕心沥血完成的。

曲宪忠的书桌上常放着两样“宝贝”——照相机和笔记本，他走到哪里都随身携带到哪里，果树管理中关键技术的照片，他都坚持自己拍。他说：“给农民授课，有时专业语言不好懂，图片形式更直观、更有效。”

几乎每个果农都有曲宪忠的手机号码，大家还自发建立了微信群。遇到技术方面的难题，随时都可以打电话或在微信群里咨询请教。每次他都耐心解释，电话、微信里解释还不够，他还常常在田间地头作示范，手把手地教，直到群众掌握了技术要领，才放心离开。

自2013年以来，曲宪忠每年有近300天在威县度过，其中多数在梨园度过。村民说，原以为专家就是给咱出出主意就走了，可老厅长是带着咱们一起干。很快，老厅长成了威县的名人，他的行动感染带动了越来越多的农民。

“老厅长没日没夜地往梨园跑，忙起工作就没了‘时间观念’，常常忘了饭点。但这果树生产的重要环节，他可记得比谁都清楚。”秋月梨园的生产负责人曹明立说，何时该剪枝，何时该打药，何时该施秋肥，何时该做冬季防冻措施，无论哪个生产环节，他都至少提前一周时间来梨园安排。

较真——精益求精打造绿色创富样本

刘明亮是威县梨产业园区管委会总工程师。自打曲宪忠来威县后，他俩可以说是朝夕相处。“老厅长对待生活和工作有两种标准。生活中非常随和，但要涉及工作，他就像变了一个人。苛刻、较真的工作态度，让大家十分‘怵’。”

2013年春季，高公庄乡大宋庄村沃绿梨园在开始栽植树苗时，没有按规程作业，树苗栽种深浅不一，果树未成行成列。“栽种树苗的深浅影响果树扎根及结果情况，果树栽种未成行成列，影响今后网架建设。”曲宪忠实地查看后叫停，硬是把6800余棵已经栽好的树苗全部拔掉，重新按规定挖坑。

经济林种植管理事关长远，必须严格按照标准落实，容不得一丝马虎。“威县地处黑龙港流域中心片区，是国家扶贫开发重点县之一。一个平原县发展13万亩高标准梨果基地，特别是大规模杜梨建园，这在我工作的40多年中是前所未有的。”曲宪忠坚信，这不仅在冀南农业结构调整方面是一个典型，同时对指导河北乃至全国的平原县农业转型升级，也有重要的借鉴作用。

圆梦——梨果长成“致富果”

昔日西沙河流域的沙荒地上，如今已经发展了13万亩高产优质高效的绿色A级梨产业带，建成标准化梨园230个，目前进入盛果期的梨树每年可产生3亿元左右的直接经济效益，带动3万多农民人均增收5000多元，1.87万人实现了稳定脱贫。创造了现代梨果标志性品牌——“威梨”区域公用品牌，形成了“创新驱动、三生（生产生活生态）互动、收益共享”的“威梨模式”，为全省脱贫攻坚和乡村振兴提供了实践范例。

曲宪忠专家在悉心指导

曲宪忠专家查看梨树生长状况

让从容人的日子更“从容”

威县有个村子叫从容村，但村民的生活却不够“从容”。张士良是驻村第一书记，上任第一天，他便在心中暗暗下决心：一定要让从容人的日子更“从容”。

抓住良好机遇，开展土地流转

俗话说得好，要想富，上项目。为了让大家的钱袋子鼓起来，张士良和驻村工作队一起想办法、找对策。2015年，全球最大的浓缩果蔬汁生产加工企业、国家级农业产业化重点龙头企业海升集团看中了威县红龙集和从容村的地块，准备在这里发展2000亩高效梨园，其中涉及从容村900余亩土地需要流转。

面对群众的疑虑，张士良带领驻村工作组和乡村干部一起想办法，认真细致地做群众的思想工作。张士良和队员们一起，坚持吃住在村，一次次深入涉及土地流转的农户中，反复讲明发展这个项目的好处，有时中午一两点都顾不上吃饭，半夜时分还坐在群众家中与群众促膝交谈。功夫不负有心人，经过工作组和大家的共同努力，终于在2016年4月初，完成了所有农户的土地流转工作，海升集团开始紧锣密鼓地种植杜梨苗，才有了今天的香飘万里，老百姓才看到致富增收的希望。

张士良在贫困户家中了解情况

张士良为村民送生活必需品

百姓的事就是自己的事

解决了土地流转这件大事，张士良开始带领工作队将精力放在一对一的帮扶上，逐户走访，深入了解和掌握贫困户的现实困难和迫切需要。每户的情况都被详细地记录在工作日志中，白天入户走访，晚上一起研究帮扶措施。

在开展走访入户的同时，工作队还积极会同县扶贫办和乡政府，帮助村里开展通道绿化、村西北239.6亩梨园灌溉和验收等工作。

脚踏实地为民服务

为丰富群众的精神文化生活，积极联系协调有关部门，张士良为从容村争取到16件健身器材、一面大鼓和两台音响。同时开展了美丽乡村墙壁粉刷、街道墁砖、广场修建等工作；争取上级资金50万元，建成一个高标准文化广场。

驻村以来，修路、修井、给妇女免费体检……张士良带领工作队脚踏实地搞服务、依据村情做工作，先后两次在全县扶贫工作会议上作典型发言和表态发言，并在媒体刊发工作帮扶新闻报道五篇（条）。驻从容工作队被省委组织部评为2016年度全省精准脱贫“先进驻村工作队”。

记“卖菜”书记

威县佃尚营村驻村第一书记孙业峰帮助村民销售滞销蔬菜的事刷爆了当地人的朋友圈，网友纷纷为这位扶贫书记“点赞”。

佃尚营村是威县重点贫困村，村民今年种植的500多亩蔬菜虽然已经成熟，但市场行情不好，不仅价格低，而且还没有销路，村里的种植户一筹莫展。佃尚营村驻村第一书记孙业峰看在眼中，急在心上，在安稳村民情绪的同时积极研究对策，决定通过手机微信发布信息进行人脉销售。

为此，孙业峰先后组建了三个农副产品直销微信群，把自己的亲朋好友等都拉了进去。孙业峰每天在微信群里发布村民要出售的蔬菜价格、数量等信息，下午组织村民送菜。从收菜、运菜、分菜，每一个环节，孙业峰都守在现场。卖菜信息在手机微信上不断蔓延，爱心不断扩散……短短不到半个月的时间，已经帮助村民卖出白菜、大葱、菜花等15000多斤。孙业峰说："下一步，打算筹建一个农副产品网上超市，帮助村民拓宽相对稳定的销售渠道，销售更多的农副产品，提高群众收入。"

孙业峰帮村民收菜

06

Chapter

兴乡村　永改革

贫困人口是脱贫攻坚的对象，更是脱贫致富的主体，贫困人口个体或者群体发自内心的脱贫致富强烈愿望和自发动力直接决定脱贫攻坚的最终成效。

——习近平《在打好精准脱贫攻坚战座谈会上的讲话》

（2018 年 2 月 12 日）

从马克思主义哲学的辩证唯物主义内因与外因关系来说，精准脱贫是“事物发展变化”本身，扶贫政策、经济物质是“外因”，贫困地区贫困群众的内生动力，是“内因”。要坚持内外因相结合的发展思维观察和解决问题，就要认识到内生动力才是解决脱贫问题的根本，是好政策、好帮扶这些外因能够起到长期根本作用的关键。

无论是政策还是制度，解决的都是外因的问题，要使贫困人口彻底摆脱贫困状态，利用外因的改变激发内因动力才是彻底的解决之道。政策和制度最终要落到“人”的身上，真正的脱贫也要靠广大的人民自身去实现。习近平总书记早在 2012 年就指出：“贫困地区发展要靠内生动力，如果凭空救济出一个新村，简单改变村容村貌，内在活力不行，劳动力不能回流，没有经济上的持续来源，这个地方下一步发展还是有问题。”

这一章，没有宏观政策，有的只是在威县祖祖辈辈生活的普通百姓。他们不是致富模范，也不是脱贫典型，如果说和他们的祖辈有什么不同的话，那就是在威县脱贫攻坚、不断改革的历程中，他们近十年的平淡生活似乎也有了更多改变。从这些普通人的身上，我们看到的不仅仅是生活条件的改善，更多的是他们对于美好生活的渴望以及实现愿望的行动。这种改变的源头，正是脱贫攻坚与改革。

然而，生活还在继续，昨天的困难解决了，今天又产生了新的问题，他们还在继续努力，为的是更好的明天。政府也是一样，昨天的改革有了一定成果，今天还要继续面对新挑战。

改革会继续下去，就像生活会继续下去一样。

■ 故事一：下一代的希望

到底是贫穷导致愚昧，还是愚昧导致贫穷，这是一个辩证的话题。但是在威县的脱贫实践中确实出现了一个情况，那就是经济状况的好转给了当地百姓继续发展的保证和希望。农民收入不仅关系到农民个人利益，也是直接判断乡村振兴战略和高质量发展农业农村新局面是否有效实施和开展的重要依据。

44 岁的大葛寨村村民王泽国是村里少有的高中生，1994 年高中毕业之后，就留在村里务农。凭借他高中学到的知识再加上自学，在村里开了一个电器维修的小店。本想靠这个小店贴补一下家里微薄的收入，可是村里实在太穷了，电器少得可怜，一年下来也挣不了多少钱。作为村里面的“高技术人才”，每年满打满算才挣不到 3000 块钱。家里上有老下有小，想要外出打工也是个奢望。日子就这样一天一天地熬着，也不知道哪天是个头。

王泽国有两个儿子，他在这两个孩子身上寄予厚望。他当初没考上大学，是人生中深深的遗憾，所以，他把考大学的希望寄托在自己的孩子身上。可看着家里的这种情况，怎么供孩子上大学呢？眼看孩子越来越大，家里的存款却少得可怜，他也逐渐放弃了对孩子的期望。

2014 年是王泽国人生的转折点，也是王泽国整个家庭命运的转折点。那年他听说县里引进了一家企业，叫北京德青源农业科技有限公司。这个公

十年前的王泽国一家

王泽国在厂区修理设备

司会在县里建厂，厂址离自己的村子很近。王泽国第一个报了名，成为德青源的一名电工，也是这家企业在威县的001号员工。一开始的时候，王泽国每月拿3000元左右，这等于他以前做电器维修全年的收入，这时，他终于看到了希望。

经过这些年的努力，王泽国已经成长为德青源的一个技术主管，主要负责基地的各种设备维护，收入从一年3万多元提升到5万多元。不过，老王对我们说，现在的日子依然过得紧紧巴巴，一方面是媳妇非要在县城投资开一个卖童车的店铺，拗不过媳妇的老王同意了，但是买卖目前不是太好。按老王的话说，“她不是做生意的材料”，过段时间把店盘出去就让她来德青源打工，“一个月挣3000来块钱问题不大”。另一方面，前年大儿子考上了桂林电子科技大学的三维动画专业，这是个艺术类专业，一年光学费加生活费就得3万元。“你说这上大学怎么这么贵呢？”老王感慨地说，“不过话说回来了，要没有德青源，别说供儿子考大学了，高中我都供不起。”

习近平总书记在党的十九大报告中提出，要注重扶贫同扶志、扶智相结合。这就需要努力去调动贫困地区群众的积极性、主动性和创造性，注重培养他们各种增收的基本技能，给予他们致富的思路和途径，使他们在脱贫后仍能自我发展、自主致富，让扶贫不仅仅是目的，更是农村经济继续振兴的基础。

老王有个希望，就是想让儿子大学毕业回来之后也到德青源上班，“可以给我们的产品设计包装啊，我瞧他画的那玩意挺好看”。不管老王的希望能否实现，这至少是个希望。他的儿子也不会再像他一样，守着那几亩棉田，过着不知道什么时候才能看到希望的日子。

■ 故事二：大棚经理和临时工的博弈

近些年，威县高新区企业数量直线上升，吸引了不少农村壮劳力到城里上班，于是50岁以上老人成为村里的主要劳动力。然而每到农忙时节，这些劳动力也很“抢手”，原因就是养殖业、种植业规模化，吸纳了大量不同年龄段、分散的劳动力。

最近，威旺蔬菜种植基地的经理任威心情不是太好，无花果种植的关键时期就要来了，但是来大棚干活儿的临时工总是不够。“现在年轻人要不然去县城打工，要不然去外地打工，留在农村挣钱的越来越少了，我这儿能招到的临时工都是50岁以上的。我这里的活儿不累，也不需要什么文化，女工比男工多。按天算钱的话，现在每天60元以下根本招不到人，这还是女工的价格。男工每天没有90元根本没人来。”

威旺蔬菜种植基地是威县引进的龙头企业，按照“金鸡模式”流转了1000亩土地，过去一直种植甘蓝、西红柿等蔬菜，因为种植的品种没有特色，价格受市场影响波动大，基地的效益一直不怎么好。一次偶然的机会，任威听说山东青岛等地在发展种植大棚无花果，经济效益非常好。经过实地考察、请教专家，任威决定在基地里发展大棚无花果种植。

去年3月，任威带领工人重新平整了土地，从山东引进了无花果树苗，按照标准化模式发展无花果种植800亩。“没想到头一年种植就结果了。”任威说，因为管理到位，基地的无花果实现了当年种植当年结果，采购无花果的客商和周边县市来采摘的游客纷至沓来。

“无花果投产早、收益快、经济寿命长，叶子散发的气味可以驱虫，种植无须特别护理，产出的果实很容易达到有机食品标准。”任威介绍说，因为具有广泛的营养价值和药用价值，无花果在市场上很受欢迎，价格达到每公斤20多元。除了冷棚种植外，威旺蔬菜种植基地还种植了100个暖棚无花果，无花果结果期从5月可以延续到元旦，盛果期产量可达每亩6000斤。

今天有两个老太太来大棚找工作，任威挺高兴，但是她们只能干临时工。55岁的冯巧以前没打过零工，今天是跟乡亲孔玉娥一起来的。任威想给她们半天25元的工钱，因为她们早上要送孙子上学，中午要回家给孙子做饭，大棚里的活儿比较琐碎，按天计费的临时工效率总是不太高，任威不愿意出更高的价钱了。冯巧和孔玉娥本来想要半天30块钱，但是听任经理这么一说，

任威（左一）和冯巧（右二）、孔玉娥（右一）谈工钱

也很快就接受了。反正一边干活一边聊天，还不耽误带孩子，就当挣个零花钱。

“实在是没办法，按时间算钱的零工效率太低。”任威无奈地说。正说着的时候，另一批平整土地的工人收工了，这批临时工是按活儿收钱的，干完就收钱，一点儿都不耽搁。51 岁的向永鑫今天是跟二十来个乡亲一起来的，说是一天的活儿，结果上午十点多就干完了，按之前的约定，向永鑫拿到了 90 元的工钱。

要去领工钱的向永鑫

“这样的成本还能赚钱吗？”“不赚钱咋干？”任威反问了我们一句，“肯定赚钱啊，不过谁不愿意多赚点呢！”任威哈哈笑了起来。

企业和工人永远是博弈的双方，双方在不断博弈中达到资源的最佳配置，与以往不同的是，以前的威县农民根本没有博弈的机会，只有困守在土地上的无奈。对于任威来说，他担心未来临时工的要价会越来越高，这对他的经营智慧是个考验；对于冯巧和向永鑫们来说，想办法多挣点工钱是他们最朴素的想法。双方的这种博弈会继续下去，有可能还会越来越复杂，而我们也应该看到，正是由于土地流转和科学技术的引进，土地被赋予了新的商业内涵，困守于土地的农民也被激发出更多的积极性，在这种不断博弈之中，乡村经济的活力也会被进一步激发出来。

习近平总书记指出：“我们现在推动城镇化建设，千方百计让进城务工人员能够在城市稳定地工作生活，孩子能进城的随着进城，解决留守问题。同时，也要让留在农村的老年人在乡村振兴战略中找到归宿。”在威县的扶贫攻坚道路上，解决了温饱问题，又会涌现出新问题，这是社会发展的必然规律。同时，这些新问题的出现对政府的智慧同样是新的考验。

■故事三：王伟英的烦恼

高新区设立之后，附近的村民在高新区打工的人越来越多，虽然说生活变好了，但是一方面历史欠账实在太多，另一方面在解决了历史欠账之后，对未来的投资又摆到了面前。这既是百姓生活中的难题，也是政府将要面对的挑战。

王伟英最近非常头疼，甚至还跟丈夫吵了一架。按说丈夫本来刚刚开始创业，非常艰难，也是一肚子的烦心事，不应该跟他吵架，但是他一个大男人，遇到事情也不拿个准主意，王伟英想起来就生气。

事情是这样的。王伟英的女儿今年上初三了，孩子的成绩非常好，如果要在本地上高中的话，不仅免试入学，而且所有费用全免。但是这么优厚的条件孩子却不愿意，她说要去衡水上高中，说要读就读最好的高中。这可让王伟英作了难。如果孩子考不上还好说，万一考上了呢？去外地上高中的费用可不小，而且衡水的高中是不可能减免费用的，自己女儿还没有优秀到那个份儿上。

这样一来，一年最少就是两万多的费用。自己在高新区的一家鞋厂上班，一年下来满打满算也就是 3 万多元，丈夫本来当大车司机挣得不少，可今年偏偏自己创业开了一个货站，他觉得现在高新区越来越火，厂子越来越多，进出的货也越来越多，搞货站肯定比单纯当大车司机挣钱。可是货站刚刚搞起来，现在还不怎么挣钱。

说起来那还是十几年前的事情。王伟英的女儿刚出生不到两个月，就因为高烧住进了县医院，住了一阵不见好，又去邢台市看，邢台市看不好，又去石家庄的省儿童医院，一折腾就是两个多月。病是看好了，可是这个家生生地借了八万多元的债，压得年轻的小两口直不起腰来。那时候家里基本靠种棉花为生，可是王伟英老公家的地少，小两口加起来一共才两亩地，吃饭都成问题，平时只能靠男人打打零工维持，这一下就借了这么多的债，这要还到哪一辈子才是个头啊。

在过去单一经济模式框架内，普通农民的家庭抗风险能力极其薄弱，无病无灾的时候勉强可以维持生活质量，但是一旦遇到比较大的刚性开支，“因病返贫”等现象就成为一种普遍状态。因此，习近平总书记指出：“产业扶贫是稳定脱贫的根本之策，但现在大部分地区产业扶贫措施比较重视短平快，考虑长期效益、稳定增收不够，很难做到长期有效。如何巩固脱贫成效，实现脱贫效果的可持续性，是打好脱贫攻坚战必须正视和解决好的重要问题。”

日子过了几年，一直到七八年前才有了转机。王伟英在高新区一家台资企业找到了工作，她老公也开起了货车，一年能挣 5 万多元。这些年小两口不仅基本把债还清了，还又添了一个儿子，日子也过得有点起色了，所以男人才会起了创业的心思。

按王伟英的想法，就是砸锅卖铁也得供女儿上大学，而且还要上好大学。她算了一下账，丈夫的货站刚刚起步，今年可能只能赚到两万元左右，如果女儿去衡水上学，这部分钱基本都要给女儿花了。那么一家四口都要指着自己这一年三万多元的工资生活，虽然紧巴了点，倒也不是不能生活。幸好儿子还小，花不着太多钱。等到儿子需要花大钱的时候，女儿基本上也要大学毕业了。再说，只要丈夫的货站经营得比较顺利，生活也未必就有多么困难。再说，当初那么难的日子都过来了，今天这点困难算什么呢？不过未来儿子还要结婚啊，买房子又是一个难题……

脱贫是个不断延续的过程，也是个长期的战役。高新区的发展让王伟英有了一份固定的收入，经济发展带来的物流需求让王伟英的丈夫看到了商机，纵然面临着一些困难，但是在一家人的共同努力之下，难关终将被克服。经济条件的改善带给百姓对风险的一定的抵御能力，“因病返贫”“因学返贫”“因婚返贫”“因缺乏资金技术返贫”的现象会进一步减少，但是还会出现“因病返难”“因学返难”等一系列新情况，对于政府来说，这也是即将要面对的新挑战。

正在工作的王伟英

■故事四：金子、房子和票子

在威县高新区里，已经逐渐形成了一个产业工人群体。这些工人不同于大城市中的农民工，他们享受着乡村水平的生活成本，但是却拿着接近城市工人的收入，这部分人的消费需求使威县经济逐渐产生了内生动力，在未来的乡村振兴工作中，这部分人的经济能力有可能会成为一股新的力量，丰富威县的产业结构。

从去年到今年，贺砚峰的心情一直不错。她在密州香食品有限公司打工已经三年多了，这家公司是从事农产品深加工的，具体说就是把养殖场的肉鸡加工成制成品。这是一家从山东引进的企业，效益一直不错。贺砚峰在这里每个月能拿到将近4000元的收入。贺砚峰的老公是大车司机，干了五六年了，本来就能有每月四五千的收入。公公婆婆在农村种着三亩桃树，每年两万多元的纯收入虽然不多，但是也不用他们小两口过多地照顾。去年老公拿了A2本，工资几乎翻了一番，每月能挣9000多元，贺砚峰今年才34岁，在密州香的众多女工中间也算得上漂亮的，既然收入提高了，那就要满足自己作为一个女人的爱美之心。就在前不久，她买了一条金项链，花了4000多元。不过这算不上什么大开销，房子才是大头。去年他们小两口刚在县城买了房子，130多平方米，给自己安了一个小家，也让两个孩子未来能在县城上学。房子是按揭买的，每个月要还2000多元的贷款，不过对于小两口来说，这算不上多大的负担。在密州香的女工姐妹中间，贺砚峰家的日子算得上是很红火的。

正在工作的贺砚峰

正在工作的谭素红

不过，比起在正通轮胎公司工作的谭素红来说，小贺家的日子还差了点。谭素红高中毕业，性格要强，干活利索，进入正通轮胎公司之后很快就做到了代班长，月收入6000多元。老公外出打工，是装修工人当中的高技术工种，每年过年都能带回十来万块钱。公婆在农村种着五亩葡萄，每年也能收个七八万元，给小两口带孩子的同时还开着一个小超市，每年能挣四五万元。虽然家里基本上都不是挣大钱的主，但是加起来也了不得，每年能净剩个20多万元。“挣的钱是不少，但是也不知道拿这些钱干什么，基本都是存银行，也许过两年让老公回家来做个买卖，但是还不知道干什么，到时候再说吧。”

像贺砚峰和谭素红这样的家庭，是威县在扶贫和改革工作当中收益比较大的家庭。这些家庭有一个共同的特点，那就是他们并不是靠资产增殖而致富，而是在这个过程当中充分实现了自己的劳动力价值，进入工厂的年轻人从普通的农民变成了合格的产业工人。习近平总书记指出：“推进城镇化的首要任务是促进有能力在城镇稳定就业和生活的常住人口有序实现市民化。”农业转移人口的市民化将构成中国经济转型升级的巨大驱动力，其影响将绝不亚于30多年前开始的城镇化。

与此同时，留在农村的老年人利用从单纯种植业到种养业的产业转型也逐渐富裕起来。在这个过程中，这部分人的手中积累了一定财富，与引进外部投资和扶持本地企业不同的是，这部分人有分布广、财富增长持续性强、投资渠道窄的特点，当这部分力量被充分释放出来的时候，也许会对扶贫之后的乡村振兴起到积极作用。

这也是习近平总书记关于“城镇化、逆城镇化两个方面都要致力推动。城镇化进程中农村也不能衰落，要相得益彰、相辅相成”重要论述的有力验证。

■ 故事五：不能让孩子变成留守儿童

威县是人口大县，这些年的产业结构改革使大量的劳动力从土地中释放了出来，这些劳动力在产业调整的过程中开阔了眼界，逐渐加入进城打工的大潮当中。这些打工人群一方面给威县带回了大量的改善生活和发展经济的资金，另一方面也遗留给农村大量的留守儿童和留守老人问题。

与威旺蔬菜种植基地经理任威的担忧不同，高新技术开发区的副主任高卫国显然没有这方面的忧虑。每年开春的时候，高新区都会组织大规模的招工，主要针对本县的年轻劳动力。相比背井离乡去外地打工，威县的年轻人还是喜欢在家乡找一份收入还过得去的工作，一方面方便照顾老人，另一方面方便教育孩子。在君乐宝集团打工的高印辉就是其中的一员。

高印辉今年 34 岁，有两个可爱的孩子。前几年，他和妻子都在天津打工。在天津的时候，虽然自己工资能拿到 4000 多元，妻子每月也有两三千元的收入，厂里也包吃住，按说条件也算可以。但是相比县城来说，天津的消费水平实在太高，眼看着孩子越来越大，马上面临上学的问题，这也是一笔不小的开销。如果把孩子送回老家，又怕时间长了委屈孩子。听说老家的君乐宝集团正在招人，高印辉和妻子商量了一下，决定回家就业。虽然收入不如在天津挣得多，但是相对开销也小，算起来没什么差距。而且在家就业更方便照顾老人和孩子，可以共享天伦之乐。

现在，高印辉在君乐宝是一名巴杀机的操作员，每月工资 3500 元，妻子在君乐宝做一名包装工，每月工资 2000 元。除了工资之外，公司还给上了五险一金。相比起在天津打工的日子，高印辉一家反而过得更加轻松，更加幸福。据高印辉说，现在外出打工的年轻人很多都想回乡找工作，只不过有些人还没有找到合适的机会。

高印辉的现在和以前

随着威县的产业结构丰富和不断融合，一些外出打工的劳动力会不断地回流，而这种回流，同时又促进了威县本地的经济发展，逐渐形成人民富裕和产业兴旺的良性循环，这是威县以改革促扶贫的宝贵经验。而与此同时，劳动力回流也是从根本上解决农村留守儿童和留守老人问题的方法之一。习近平总书记指出："要关心留守儿童、留守老年人，完善工作机制和措施，加强管理和服务，让他们都能感受到社会主义大家庭的温暖。"农村留守儿童产生的根本原因是与父母长期分离，如果父母能回到农村，让他们挣钱顾家两不误，才能从根本上解决问题。

■故事六："等死队"和"工作狂"

习近平总书记指出："我们要牢记人民对美好生活的向往就是我们的奋斗目标，坚持以人民为中心的发展思想，努力抓好保障和改善民生各项工作，不断增强人民的获得感、幸福感、安全感，不断推进全体人民共同富裕。"

授人以鱼，不如授人以渔。扶贫攻坚既要帮助贫困人口改变生活环境，更要努力改变他们的心理环境，让他们从根本上告别贫困。要激发群众的内生动力，克服"等靠要"、安于贫困的消极心态。而要做到这些，巧妙完善的制度设计，细致深入的工作方法和持之以恒的工作态度都是必不可少的。

这天，梨园屯镇的扶贫干部孙新国在西河口村的养老院门口被村子里的清洁工徐连玉和王保存拦住了，说自己的扫帚坏了，要孙新国帮他们解决这

徐连玉（左一）、王保存（左二）和孙新国（右一）

个问题。66 岁的徐连玉说："咱村是个文明村，就要打扫得干干净净的，没有扫帚咋干活儿？"在两个老人的絮絮叨叨声中，孙新国笑着给北京慧丰清轩公司打了电话，帮两位老人解决了这个问题。威县每年投资 4400 万元将全县 522 个村环卫全部外包给北京慧丰清轩科技有限公司运行，而慧丰清轩公司又雇用村里经济比较困难但还依然有劳动能力的老人来负责清扫。彻底解决垃圾"围村"和村内"脏乱差"问题，实现城乡环卫一体化。

在以往，村子里的老人一般都是白天搬个小板凳到墙根儿一坐就是一天，被村民们戏称为"等死队"。但是，自从这些老人有了清洁工的工作之后，虽然每个月挣钱不多，但是他们突然感觉到自己变成了有用的人，从"等死队"一下变成了"工作狂"。西河口村的两位老人，徐连玉 66 岁、王保存 68 岁，每天从早到晚都推着垃圾车在村里清扫，真正把村里的卫生工作当成了自家的事情，整个西河口村的卫生工作搞得井井有条。王保存说，等真的干不动了，就住到村里的"幸福互助大院"，这是村里办的养老院，每位入住的老人只要象征性地每天交 5 元钱，就可以享受养老院的所有服务。有这么稳定的后盾，难怪王保存每天干得这么上劲。

西河口村养老院内景

西河口村养老院标牌

习近平指出："让人民过上好日子，是我们一切工作的出发点和落脚点。我们将坚持在发展中保障和改善民生，不断满足人民日益增长的美好生活需要，不断促进社会公平正义，使人民获得感、幸福感、安全感更加完善、更有保障、更可持续。我们将持续推进精准扶贫、精准脱贫，实现到2020年我国现行标准下农村贫困人口脱贫的目标。全面建成小康社会，13亿多中国人，一个都不能少！"

获得感、幸福感、安全感，这三者既是并列关系又同时具有辩证统一的关系，也是精准扶贫工作的最终目的。不仅让人民过上富裕的日子，更要让人民过上健康的日子、满足的日子、快乐的日子！要真正实现这个目标，威县还要继续坚定改革的步伐，直到胜利！

尾声

Ending

将改革进行到底

在这场举全县之力的脱贫攻坚战中，威县以改革思想为引领探索出一条可复制的脱贫道路。改革，带给威县巨大的收获，也让威县发生深刻的变化。

改革，是解放思想的精神洗礼

在解放思想中统一思想，在观念革新中凝聚力量。

在这场攻坚战中，县委、县政府的工作重心转变了，干部作风扎实了，贫困群众内生动力激发了。领导苦抓、部门苦帮、干部苦干，进农家、说农话、干农活、晓农事、暖农心，从省市到区县到乡村，看得见的是上下苦干，是思想的深刻转变。

从脱贫工作中展现出的新气象、新作风、新面貌，演变为全体干群顾大局、敢担当、能吃苦、讲奉献的脱贫攻坚精神。在干部实干作风的感召下，“靠着墙根晒太阳，等着政府送小康”的贫困户越来越少，奋起脱贫致富的奋斗户越来越多。

改革，是由内而外的自省自励

改革需要智慧，更需要勇气，既要做“改革推动者”，也要做“被改革者”。

首先要从思想上自省，做全面深化改革的倡导者、传播者。威县干部队伍，以习近平新时代中国特色社会主义思想武装头脑，革除自身封闭僵化的思想观念，彻底放下包袱，把改革试点作为政治使命、历史机遇。其次从行动上自励，做改革的参与者、践行者，成立全省第一家县级行政审批局，改变原有体制格局，释放出强烈的改革信号，为各项改革奠定基础。政府职能由“全能型”转向“服务型”，全面激发市场活力，真正释放改革红利。

改革，是全领域、深层次的探索实践

穷则变，变则通，通则久。不仅仅是扶贫工作取得重大进展，近几年来，威县的经济、社会、民生、环境等方方面面，都因改革而“通”。

经济发展跃上新台阶——固定资产投资、规模以上工业企业增加值、全部财政收入、公共预算收入、全辖金融存款等主要经济指标增速明显，“3+2”现代产业格局形成，新旧动能转换加速。

综合改革持续优化——威县先后在行政体制、城乡一体、现代农业、招商园区、产业扶持、破解瓶颈、社会治理、干部管理等八个方面持续探索，实施重大改革事项 110 多项，创出多个全省乃至全国第一。

社会民生持续改善——威县在教育、医疗、生态、文化等方面狠抓落实，百姓关心什么、需要什么，改革就抓住什么、推进什么，切实提升百姓获得感。也正因此，改革成为威县人民不变的呼声，改革实践和创造由涓涓细流激荡成思想洪流。

2019 年是中华人民共和国成立 70 周年，是脱贫攻坚决战决胜年，是全面建成小康社会的关键年，也是威县脱贫攻坚全面巩固提升年。

脱贫“摘帽”不是最终目的，让革命老区人民过上美好富裕生活才是我们的不懈追求。威县将继续坚持“脱贫工作继续高标准，小康路上前进不停步”主基调，着眼“后三年”、瞄准“三年后”，坚持和创新“五个深化”，巩固拓展脱贫出列成果，打造乡村振兴的“威县样本”。

“全面建成小康社会，13 亿人要携手前进。让几千万农村贫困人口生活好起来，是我心中的牵挂。”习近平总书记念兹在兹的深情话语犹在耳畔，

凝聚起团结奋进的磅礴之力。

40 年前，中国改革从农村发轫；40 年后，改革开放再出发，乡村振兴在路上。改革，只有进行时，没有完成时。

威县誓将改革进行到底，坚决打赢脱贫攻坚战，谱写乡村振兴的新篇章！

美丽威县